21世纪国际博物馆学基础书系
安来顺 段晓明 主编

全球最佳遗产利用案例集（一）

2020—2021

国际博物馆协会研究与交流中心（ICOM-IMREC）
欧洲遗产协会（EHA） 编

江苏凤凰文艺出版社
JIANGSU PHOENIX LITERATURE AND ART PUBLISHING

图书在版编目（CIP）数据

全球最佳遗产利用案例集. 一 / 国际博物馆协会研究与交流中心（ICOM-IMREC），欧洲遗产协会（EHA）编；安来顺，段晓明主编. —南京：江苏凤凰文艺出版社，2023.8（2025.2重印）
（21世纪国际博物馆学基础书系）
ISBN 978-7-5594-7856-6

Ⅰ.①全… Ⅱ.①国…②欧…③安…④段… Ⅲ.①文化遗产—资源利用—案例 Ⅳ.①G112

中国国家版本馆CIP数据核字（2023）第128482号

全球最佳遗产利用案例集（一）

国际博物馆协会研究与交流中心（ICOM-IMREC）
欧洲遗产协会（EHA） 编

主　　编	安来顺　段晓明　（21世纪国际博物馆学基础书系）
出 版 人	张在健
策划编辑	费明燕
责任编辑	赵卓娅
校　　对	叶姿倩
美术编辑	宝　莉
封面设计	王　灿
责任印制	杨　丹
出版发行	江苏凤凰文艺出版社
	南京市中央路165号，邮编：210009
网　　址	http://www.jswenyi.com
印　　刷	南京爱德印刷有限公司
开　　本	787毫米×1092毫米　1/16
印　　张	13
字　　数	190千字
版　　次	2023年8月第1版
印　　次	2025年2月第2次印刷
书　　号	ISBN 978-7-5594-7856-6
定　　价	88.00元

江苏凤凰文艺版图书凡印刷、装订错误，可向出版社调换，联系电话 025-83280257

"21世纪国际博物馆学基础书系"
丛书编委会

总策划 段 勇
丛书主编 安来顺 段晓明
执行主编 王思怡 黄 磊 张 遇
编 委 （按姓氏笔画为序）
李丽辉 李明斌 李慧君 郑君怡 赵化锋
徐 坚 黄 洋 黄继忠 谢 颖 潘守永

目录

序一 6

序二 8

序三 10

第一部分
遗产透镜：书写历史与多元叙事 13

从单一走向多元：遗产阐释的不同面向 14

纪念与展示提赛德工业遗产的展览 17

世界上第一家绘本博物馆 21

特定的地点，特别的博物馆 25

汉服节：面向传统服装界 29

为所有人创建的博物馆：成为一个家庭友好型博物馆 33

个人化的博物馆 37

斯希丹市立博物馆：市镇街道上的房屋 41

维也纳世界博物馆及其新常设展览的设计原则 45

超现实主义圣诞节——弗洛伊德博物馆的展览：弗洛伊德、达利和纳喀索斯的蜕变 49

多元视角下荷兰的殖民历史：约翰·莫瑞泰斯与莫瑞泰斯皇家美术馆 51

关于合作和讲述真相——给所有人的一课 55

向着旋涡深处 59

"The Box"藏海军船首像保护修复项目 63

翻开历史：美国报纸与大屠杀 67

一个印刷博物馆的核心创新 71

透过新石器时代的眼眸 75

将历史带到纽约街头 77

重构爱沙尼亚的航海故事 79

第二部分
遗产工具：对话现实与包容实践 81

包容与社会融入：遗产作为文化工具的当下实践 82

为当地服务 85

利兹课程：为我们的孩子打造强大的艺术教育 89

万物皆有裂痕：纪念伟大的艺术成就和鼓舞人心的生活 93

为灵巧的双手发声 97

开放遗产：拥抱遗产的多元价值和多民族价值 101

激发对自然历史的热爱 ·················· 105

施塔弗豪斯博物馆——关注当下的博物馆 ··· 107

仍为父母——通过艺术讨论失去孩子的经历 ··· 111

关怀老年群体——与教育、社会福利与医疗领域的合作 ·················· 115

一个供公众讨论的论坛 ·················· 119

青年主导的活动：再度构想、重塑、重演——一个改变生活的项目 ············ 123

从核掩体到博物馆 ····················· 127

奥顿帕扎里现代艺术博物馆：安纳托利亚的创新性和以人为本的艺术平台 ·········· 131

值得微笑的事 ························· 135

通过"河流数字之旅"建立人类与河流的联系 ··· 139

请触摸！ARCHES带来的包容性艺术体验 ··· 141

史密森学会开放访问：创造、想象与发现 ··· 143

疫情特殊时期家庭最喜欢的项目：在"我的世界"中建立你的博物馆 ············· 145

第三部分
遗产变革：颠覆范式与技术创新 ········ 147

传统与现代：遗产自身与顺应科技的变革 ··· 148

年轻与创新，北京汽车博物馆不断向前迈进 ··· 151

在艺术博物馆的五天学习 ················ 155

当博物馆变成大学 ····················· 159

MLK50：我们该何去何从？ ············· 163

圣费根国家历史博物馆——艺术基金年度博物馆奖 ·························· 167

重塑艺术博物馆——一个整体的方法 ······ 171

触摸、嗅闻和攀爬的展览 ················ 175

与空降兵博物馆数字历史平板一起沉浸在历史中 ···························· 179

将博物馆藏品带给远程观众 ·············· 181

想象一个一切皆有可能的奇妙世界 ········ 183

力争突破，锐意进取，成就伟业 ·········· 185

博物馆与城市的和谐共生 ················ 189

作为积极力量的博物馆 ·················· 193

伪满皇宫博物院："无界"的创新、探索与实践 ···························· 197

数字技术与考古学的结合 ················ 201

阿兹特克太阳石剧场 ···················· 203

后记 ································ 204

序一

  文化遗产，作为承载人类文明的载体和见证历史文化的物证，其永恒价值就在于能帮助解答"我们是谁？我们从哪里来？我们将向哪里去？"这三个寄托了人类所有研究、探索、思考、表达的"终极问题"。与文化遗产密切相关的各类博物馆，因其共同宗旨和终极使命是保护和传承人类社会的多元文化及多彩环境，而与学校、医院等一样，成为人类最伟大和最成功的创造之一。

  诞生和发展于上海这座具有深厚开放与包容传统城市的上海大学，在文化遗产和博物馆领域也致力于与世界学术前沿保持同步。一百年前的上海大学即开设有"艺术考古学"必修课，这也是上大文化遗产相关学科建设的滥觞。20世纪80年代初上海大学与南开大学、杭州大学（今并入浙大）成为我国现代博物馆教育的开创者，2021年成为上海所有部属和市属高校中唯一招收培养考古学专业本科生的高校。如今，上海大学已初步形成文化遗产学统筹之下，以考古学为引领、文物保护学为支撑、博物馆学为阐释传播的文化遗产全生命周期的研究保护阐释和考古、文保、博物馆全链条衔接的教学实践人才培养体系。在注重历史文化遗产、工业遗产、近现代遗产、非物质文化遗产、流失海外文物等领域研究和保护的同时，突出海洋考古、重大考古项目、考古现场脆弱文物保护、石窟寺保护、岩土文化遗产保护、博物馆领导力、博物馆策展、智慧博物馆、文化遗产价值阐释等特色方向。

  上海大学积极搭建国际国内顶级学术平台，其中最有代表性的机构便是国际博物馆协会研究与交流中心（ICOM-IMREC）。该中心由国际博物馆协会（ICOM）与上海大学于2020年合作创立，是首个全球性博物馆研究与交流平台，也是国际文化遗产和博物馆领域前沿和热点问题研究智库。上海大学与国际博协旨在依托该中心开展跨学科、跨文化、跨地域的博物馆战略研究和实践共享，从而在全球视野下推动文化遗产科学保护和可持续利用这一人类共同神圣事业的发展与繁荣。

  多年来，中国博物馆协会（国际博物馆协会中国国家委员会）持续推荐我国"最具创新力博物馆"参与最佳遗产组织（Best in Heritage，该组织为欧洲遗产协会的分支机构之一）发起的全球遗产利用最佳案例的评选交流活动，这为国际博物馆协会研究与交流中心与最佳遗产组织的深入合作开创了先声。最佳遗产组织是一家位于克罗地亚萨格勒布的非政府、非营利组织，致力于促进遗产专业化与可持续发展。上海大学及国际博物馆协会研究与交流中心与最佳遗产组织的正式合作始于2021年初，经过多次线上沟通、策划与协商，国际博物馆协会研究与交流中心与最佳遗产组织于2022年5月就学术出版、学生培养、研讨交流等方面达成深入的合作协议，共同致力于建立在博物馆与文化遗产领域，集学术研究、业务实践与国际人才培养为一体的中欧战略合作模式。

呈现在读者面前的这套最佳遗产利用案例集就是双方合作的具体成果之一。我们相信全球文化遗产与博物馆的可持续发展应该是充满合作、对话、兼容并蓄的，也相信与最佳遗产组织的合作可以为上海大学在文化遗产领域的国际交流合作开拓新的空间，同时更期待通过高质量的国际学术交流与合作给新时代的中国文化遗产和博物馆事业提供更加多元的视角与方案。

段勇
上海大学党委副书记
国际博物馆协会研究与交流中心（ICOM-IMREC）管委会副主席
2023年8月

序二

博物馆与策展人的使命是（帮助）改变这个世界，使之变得更为美好。在过去五十年的策展实践之中，我曾经担任过策展人、馆长、专业杂志的编辑，最终我成为一名博物馆学的教授。在以上的各个岗位上，我均通过演讲、写作与咨询的方式来改变博物馆。作为一名博物馆学教授，我负责教育与培养未来的策展人，这似乎是一个从内部改变博物馆专业的理想起点。但我所做的工作——教书育人、开展面向全球学者的讲座和为国际博物馆学专委会（ICOFOM）服务的充实十年——都无法令人满意地回应现实对我们提出的挑战。已有的博物馆学共同体也常常有意识地逃避那些与传统实践和理念相悖的新困境。

面对新挑战，为了有效地共享那些富有教育意义的专业经验，我提出了一个倡议：最佳遗产大会（The Best in Heritage Conference）。这一倡议的落地经历了坎坷的历程，但最后依然结出了硕果——一个位于克罗地亚杜布罗夫尼克市的文艺复兴风格建筑中的平台。在那里，博物馆、遗产和建筑保护的获奖者能够向大家分享他们的成功故事。从数百个候选者中挑选获奖者是一项艰巨的任务，然而幸运的是，我们可以信赖那些在全世界都备受尊敬的评委们，他们认真负责地对每一项参赛案例进行了严格审查。我们经过层层选拔，最后颁出的奖项是对获奖者专业技能的肯定，同时也是对于整个项目质量的展示。从2002年的第一届开始，最佳遗产大会不断地改进，获奖项目的数量和质量均在提升，现场展演也愈加精彩。

毋庸置疑的是，博物馆的概念已然超越了传统博物馆的机构形态，因此大会从一开始就关注博物馆、遗产和建筑保护工作等多个领域。而现在，哪怕是最新的定义也无法涵盖越来越多样的集体经验。所以，我们也总是关注着档案馆、图书馆和文物保护领域的相关实践，其中一些项目曾获得"影响力大奖"（Projects of Influence）。新时代即将来临的标志在过去数十年中正零零散散地显现，而它们正希冀着我们的回应：全新的思考、经过修改的定义、各种创新以及更新的专业心态。最佳遗产大会的目标便是为此做出贡献。

最佳遗产大会得益于乔治·亨利·里维埃（Georges Henri Riviere，1897—1985）和肯尼斯·赫德森（Kenneth Hudson，1916—1999）提出的概念框架。我们在国际上吃了数次闭门羹之后，一位克罗地亚文化部的女性副部长向我们展示了"认可和协作是创造力之母"，她深知国家可以成为一种催化剂、一名发起者，增强民众的勇气和创造力。这笔国家的启动资金激励着我们的组织走上正轨，同时我们依靠的还有不断调整的团队做出的无价贡献。时至今日，最佳遗产大会依然是一项值得高度赞誉、富有启发性的全球交流活动。

到这里，我似乎赘述太多个人体验和本项目的历史，特此向各位亲爱的读者道歉。作为一位不懈努力的创造者和不走寻常路的专业人士，我在拟定项目和议程上花费了大量时间，虽然结果有时不尽如人意。然而，即使是失败的项目，也能成为认知目标的绝佳学习途径，让我们对周遭世界有更为清醒的认识，最后凝结成自我实现的体验。可以肯定的是，要认识这个世界，首先要试着改变它。而我们通过不断的努力与对话来进行学习。榜样的力量能够影响那些敢做敢当而富有创意的策展人和博物馆领导。而正是这些榜样——无论是自豪地叙述成功的展示者，还是享受大会的听众，他们每个人都组成了我们的最佳遗产大会。当我们学习这些最佳案例的同时，也都找到了自我提升的最佳伙伴。在本书中，从数百个获奖项目中挑选出来的精选案例与改变相伴而生，并以改变而为人所知。这些项目以观众为中心，提升观众的生活品质，使遗产融入社会发展，并实现自身使命。

从最佳遗产大会诞生伊始，国际博物馆协会（ICOM）便给予一以贯之的支持。在近二十年之后，ICOM已成为我们的主要合作伙伴，同时我们也得到"我们的欧洲"（Europa Nostra）的大力支持。疫情中断了大会的线下活动且经济衰退影响了整个杜布罗夫尼克市，但以线上形式举办的大会依然得到良好的回应。通过增加每年一次的线上线下联合活动，大会因独特、简单而实用的理念重获生机。

2015年与中国博物馆协会签订的谅解备忘录对我们来说是一个伟大而光荣的机遇。正如我们在签约时的宣告，这份备忘录是"为了一个更美好的世界，和而不同；也是为了一个人类共同命运所系的项目，在其中文化、遗产和公共记忆一起为其添砖加瓦"。因此，我们非常期待与ICOM-IMREC合作，共同编写最佳遗产的数字化利用案例。本书是从2020年和2021年最佳遗产出版物中精选出的项目案例介绍，也是上海大学"取法乎上，见贤思齐"的重要成果。

本书将这些高质量的实践集合起来，用以传授遗产领域中世界最顶尖的专业经验。这是一种展望本专业未来的方式，一种在公共记忆策略上的突破，即通过传承多样性来拯救世界于危险之中。中华文明是一个伟大的文明，中国是拥有独特文化的伟大国家，也是组成多极世界和平而繁荣未来的重要部分。中华文明的遗产将会是我们智慧的源泉。

Tomislav Sladojević Šola

最佳遗产组织主席

2023年8月

序三

最迟追溯到20世纪70年代，包括博物馆在内的世界遗产领域在寻求专业化和社会化协同发展的进程中，关注到本领域内各类机构的"社会相关性"在不同实践层面和场域的真实样貌，并对不同的"最佳做法"加以分享、讨论甚至推广。类似举动虽然在当时并不特别引人关注，但今天情况则截然不同。各类案例分享、评优活动，在欧洲、北美、亚洲和澳洲的一些地区已成为博物馆生态的组成部分。有研究者初步统计，目前具有一定影响力的国际性或全国性博物馆奖项多达19个、42类。尤其值得注意的是，举办这样的活动，非但不被视为对我们崇高且威严的专业话语权的弱化，反而被广泛理解为不同语境下为实现文化和自然遗产可持续利用而展开的理性竞争之一。

在20世纪七八十年代的欧洲，有两个人在世界博物馆史上留下深深的印记：乔治·亨利·里维埃和肯尼斯·赫德森，他们都以非凡的勇气和智慧呼吁并践行博物馆等遗产机构的社会相关性价值。作为名声显赫的记者，赫德森于20世纪70年代毅然"转行"到博物馆，不但完成了大量博物馆方面脍炙人口的论著，而且还于1977年与他人共同设立欧洲年度博物馆奖（European Museum of the Year Award）。我们有充分理由相信，里维埃和赫德森的许多想法和做法，对拥有博物馆学传统基因的巴尔干地区产生了不可忽视的影响，这也许是对诞生于克罗地亚、连续举办20年不间断的最佳遗产大会，从年度"行业共享盛会"蜕变为具有广泛影响力的国际非政府组织的一个力证。

在欧洲遗产协会（EHA）和国际博物馆协会（ICOM）的大力支持下，从2002年开始，每年9月份，来自世界各地的遗产利用"最佳案例"汇聚于世界遗产地杜布罗夫尼克，参加每年一度的"最佳遗产大会"，评委们从近百个宣讲和展示案例中遴选出"影响力大奖"。2019年又新增"IMAGINES"数字利用子项，旨在为全球疫情下的博物馆数字服务创新发挥引导作用。2012年，我国"全国最具创新力博物馆"年度推介活动启动，当年便与最佳遗产组织达成合作共识，每年向该机构推荐中国的"最具创新力博物馆"，而第一个在该全球舞台上亮相的便是湖南博物院（时称湖南省博物馆）。2015年6月，中国博物馆协会又与最佳遗产组织正式签署合作谅解备忘录，中国博物馆的参与实现制度化并扮演更重要的角色。

截至2022年，"最佳遗产大会"已评选出564项优秀项目，它们留下了博物馆专业领域在可持续利用遗产方面的探索轨迹，也与上海大学与湖南博物院合作的"21世纪国际博物馆学基础书系"的出版定位紧密契合。为此，国际博物馆协会研究与交流中心（ICOM-IMREC）与欧洲遗产协会联合编写《全球最佳遗产利用案例集》（三辑），第一辑精选了2020年和2021年的案例52项，分别来自中国、奥地利、澳大利亚、爱沙尼亚、丹麦、俄罗斯、法国、芬兰、荷兰、加拿大、罗马尼亚、美国、日本、瑞典、瑞士、土耳其、西班牙、希腊、匈牙利、英国等20个国家，以飨读者。衷心希望这些案例能发挥博物馆学研究基础性资料源作用，为我国文博领域开展遗产资源可持续利用相关问题的研究提供参考。

安来顺
国际博物馆协会研究与交流中心（ICOM-IMREC）主任、上海大学教授
段晓明
湖南博物院党委书记、院长
2023年8月

第一部分
遗产透镜：书写历史与多元叙事

从单一走向多元：
遗产阐释的不同面向

吕建昌

当代博物馆不仅是展示遗产的场所，更是一个社会互动、构建新型关系和创造性过程的重要空间。立足过去、解释现在、展望未来，是当代博物馆以及遗产利用的价值所在。

社区共享

自从20世纪六七十年代美国博物馆学家狄隆·利普里提出博物馆为社区发展服务的理念以来，博物馆界的社区服务实践模式不断拓展。在当代社会中，博物馆再也不是一个与周边社会毫无关联的"过去的陈列之所"。如英国柯克利瑟姆博物馆以"钢铁的故事"为主题，展示提赛德地区的钢铁工业遗产，帮助失去支柱产业的提赛德社区重振信心，走向复苏之路。而纽约城市档案馆与纽约市博物馆合作，通过数字化档案形式把纽约的城市历史档案带到街头，让游客和市民在遗址地探索城市历史与现实的融合。东京知弘美术馆则举办"儿歌游戏时间"活动，邀请该地区的儿童和他们的父母一起在博物馆里唱歌和游戏，享受游乐的时光。我们看到的是当代亲民的博物馆都以各种方式服务于其所在社区，塑造出一个社区共建、共享的氛围。

多元叙事

文化遗产因其作为融合了情感、记忆和认同的载体，而成为社会广泛讨论与争议的对象，争议的焦点在于怎样多元阐释遗产的内涵。传统博物馆以"藏品的代言人身份"掌控了展品的话语权，这种单一的展品叙事，正日益被多元的视角所打破。奥地利维也纳世界博物馆向我们展示了博物馆叙事视角的变革——博物馆不再作为一致性叙述的单一阐述者发声，而是演绎为个体集合的形式，成为多元的叙述者。与此同时，荷兰莫瑞泰斯皇家美术馆则将2018年爆发的所谓的"推特大战"带进了博物馆，让观众感受和体验批判性思考的挑战以及当代社会对于博物馆藏品的多元评价。丹麦圣乔治搁浅博物馆的主要藏品是两艘搁浅的英国皇家海军战列舰，展品聚焦于船员个人的故事，而非拿破仑战争的宏大背景，描述了人与海洋的关系。从不同视角阐释展品，从历史的不同面向展开多元化叙事（尤其是殖民叙事），是当代人文类博物馆的任务。

观众参与

当代博物馆的发展趋势之一是逐渐淡化博物馆观众与博物馆职员的分界，观众不仅是参观者，同时也是博物馆活动项目的设计参与者。比如，爱沙尼亚泰帕印刷博物馆的展览引导和鼓励每位观众进行个性化的探索，他们可以亲自动手制作自己的纸张，也可以亲手操作类似古登堡风格的纸张印刷机。美国大屠杀纪念馆则通过"翻开历史：美国报纸与大屠杀"项目，吸引了数以百计的中学生和大学生群体参与其中，成功实现了美国大屠杀博物馆的教育目标。荷兰斯希丹市立博物馆让市民自己在博物馆中创设项目，而澳大利亚考纳民族和海湾探索中心则以合作的方式让观众一起来讲述历史真相。

鼓励公众参与博物馆活动并不意味着博物馆遗失了社会引导功能。无论是英国柯克利瑟姆博物馆还是美国大屠杀纪念馆，都向我们展示了博物馆作为社会价值引领者的重要性，发挥着形塑多元社会与教育大众的功能。

柯克利瑟姆博物馆：钢铁的故事

英国博物馆协会2019年度博物馆改变生活奖：
最佳小型博物馆

利奥·克罗夫特（Leo Croft）
"钢铁的故事"项目主管

↗
www.redcarcleveland.co.uk/enjoy/
kirkleathammuseum
↗
Leo.Croft@redcar-cleveland.gov.uk
↗
Kirkleatham
Redcar TS10 5NW
United Kingdom

纪念与展示提赛德工业遗产的展览

无论是19世纪亨利·波尔克（Henry Bolckow）与约翰·沃恩（John Vaughan）的合作，还是道门朗公司（Dorman Long）在整个20世纪英国钢铁行业中占据的主导地位[1]，再至第二次世界大战后帝国化学工业集团（Imperial Chemical Industries）的影响[2]，提赛德地区因其与工业的紧密联系而自豪。在工业的影响下，提赛德随着劳动力市场的扩大而发展得愈发繁荣，新的社区也随之产生。比如，设立于1920年的多尔曼镇（Dormanstown），其建立的唯一目的是为附近多尔曼龙钢铁厂的工人提供住宿。这些社区的命运与钢铁工业的兴衰紧密地交织在一起。在经历了多年来普遍的工业衰退后，该地区为数不多的大型钢铁企业之一——伟成发钢铁工业公司（Sahaviriya Steel Industries）及其处于世界领先水平的高炉于2015年正式宣布关闭。伟成发钢铁公司的关闭对提赛德的就业造成了严重的冲击。由于不再需要对应的供应商和承包商，成千上万的人受到了这股冲击波的影响，锐减2000余个就业岗位，依赖于区域就业的地方商业收入也大幅下降。更为重要的是，一度依赖于工业的当地社区遭到了严重破坏。提赛德地区两个世纪以来都浸润于钢铁生产，现在却陷入了动荡和不确定的状态。正是在这样的背景下，"钢铁的故事"（Steel Stories）诞生了。

伟成发钢铁公司关闭后，提赛德大学（Teesside University，简称TU）和雷德卡与克利夫兰自治市议会（Redcar and Cleveland Borough Council，简称RCBC）的成员开始思考如何在仿佛一潭死水的社区以及在这段历史被永远遗忘的背景下，展示提塞德的钢铁工业遗产。最后，他们决定向国家乐透遗产基金（National Lottery Heritage Fund）申请策划一个纪念提赛德工业遗产的展览。该展览将在克利夫兰自治市的著名景点，即英国钢铁公司的拉肯比轧钢厂（Lackenby）附近的柯克利瑟姆博物馆举办。值得一提的是，该钢厂仍在运营并雇用了当地员工。"钢铁的故事"将通过阐释钢铁工人的记忆、情感与物证，以构成一个记录真实的展览。2017年，乐透遗产基金向TU和RCBC资助了69000英镑用于实现他们的提案，这也证明了其坚定的信念，即必须纪念该地区的工业遗产，让观众了解和理解为什么工业是该地区的标志和代名词。

该项目于2018年初启动。首先，项目组雇用了一名全职的项目专员，召集了尽可能多的钢铁工人以了解为什么钢铁对提赛德地区的发展至关重要。这一过程采取了社区路演的形式，动员钢铁工人分享自身的故事和物品，并向对工业遗产有兴趣的当地学者发出邀请，以及鼓励那些世世代代都与亨利·波尔克、约翰·沃恩、道门朗等企业打交道的人说出自己的故事，这对"钢铁的故事"想要编织的工业遗产宏大图景具有很高的价值。第一次路演于2018年4月举办，效果远超

南希·李维斯（左）曾在1947年为一家钢铁厂的高炉点火，与其他钢铁工人一样，她将当时所用的点火器借给了展览

工作人员的预期。英国独立电视台在当天下午的新闻中报道了这一活动。超过30名钢铁工人报名参加了回忆记录活动，该活动内容用于展览中的文本描述，约有50件私人藏品将被展览借用，其中包括具有代表性的钢铁铸件、头盔、靴子等。同时，普锐特冶公司（高炉设计工程师）、材料加工研究所（冶炼科学工程师）和英国钢铁公司（轧机操作员）等企业也为展览的研究和实现贡献了大量的资源。可以肯定地说，社会对"钢铁的故事"的关注，无论是通过路演，还是从行业收集材料，都是展览成功的支柱。

在该展览的准备过程中，策划团队与提赛德社区始终保持着密切的联系。为了确保社区的各个层面在展览全过程中都有发言权，团队成立了一个指导小组，成员包括伟成发钢铁公司的高级管理人员和工会代表、当地议员及艺术家。每种声音都为展览的最终呈现做出了贡献。其中，来自克利夫兰工程师学会（Cleveland Institute of Engineers）的苏·帕克（Sue Parker）贡献了她超过50年的炼钢研究知识和经验，更为重要的是，她为这个展览提供了罕见的女性视角。她谈道，自己从前只能悄悄穿过男性更衣室才能到达实验室，必须展现出足够的机智和幽默感以超越她的男同事。炉电工迈克·盖斯（Mike Guess）说道，在2015年伟成发钢铁公司宣布关闭时，他产生了强烈的失落感和离别感，因为他不仅损失了收入，也失去了一种生活方式。当时的那种令人不快的幽默和友情、机器的噪声、难闻的气味，都被如今聒噪的鸽子叫声或挥之不去的煤烟味所取代，对许多人来说，这一切都是无法接受的。尽管如此，这些或有趣、或幽默、或伤感的故事都将通过人工制品、故事的讲述和原始物证在"钢铁的故事"展览中得到充分体现。

当回忆和物证被收集后，策划团队便开始致力于将每件人工制品、每段口述和每件艺术品编织在一起，以展示提赛德工业遗产那无可争辩的重要性。在给予观众视觉冲击的时间线展示上，学者们列出了若干历史性时刻，而钢铁工人则确

该展览的成功之处在于将真实的口述史与时尚的工业美学设计相结合

保所引用的事实和数字尽可能准确。同时，展览设计师致力于打造一个令人印象深刻的展示空间，比如在一个复刻的工人更衣室中，传统的展示柜被储物柜所取代，观众可以打开柜门查看工人的工作服、靴子和工具，而播放钢铁工人采访节选录音的设备被设计成管道和阀门，放送着在被形容为"人间地狱"的环境下工作是何种感觉的访谈片段。每个空间都最大限度地利用了提赛德社区提供的物品。

2019年4月，展览正式向公众开放，展示了在钢铁行业工作和生活的真实人物的故事、物品和图片。由于前钢铁工人、企业、历史学家和社区的前期支持，加之展览空间的专业性设计、丰富的信息、深刻的互动性和教育性，以及令人惊叹的展陈，"钢铁的故事"展览取得了巨大成功，超出乐透遗产基金的预期。并且，该展览因替伟成发钢铁公司下岗工人发声而屡获奖项。

"钢铁的故事"是一个富有生命力的遗产展示活动，由铸成这些遗产的人创造，而其展示的遗产将被世代传颂。对于一个展览来说，最大的赞誉莫过于此。

（卜凡译，王思怡校）

译注：

[1] 1975年，亨利·波尔克与约翰·沃恩在提赛德联合创建了该地区第一家钢铁公司，提赛德的钢铁生产由此开始。次年，阿尔伯特·约翰·多曼（Albert John Dorman）与阿尔伯特·德·朗德·朗（Albert de Lande Long）建立合作伙伴关系，接管了同样位于提赛德的西沼泽铁厂，道门朗公司由此成立。

[2] 帝国化学工业集团于1951年在提赛德建立了其第一套石脑油裂解装置，并将该地区作为主要生产地之一。

知弘美术馆
2019年日本博物馆协会奖

松方路子（Michiko Matsukata）
安昙野知弘美术馆

↗
www.chihiro.jp
↗
matsukata@chihiro.or.jp
↗
Chihiro Art Museum
4 Chome-7-2 Shimoshakujii
Nerima City
Tokyo 177-0042
Japan

世界上第一家绘本博物馆

1977年9月成立于东京的知弘绘本艺术博物馆（现为知弘美术馆）被认为是世界上第一家绘本博物馆。它的历史始于艺术家岩崎知弘（Chihiro Iwasaki）。岩崎知弘是日本具有代表性的绘本艺术家，她开发了一种新型绘本，将图片和文字合二为一，且擅长描绘儿童细腻的内心感受。1974年8月8日，岩崎知弘去世，享年55岁。

在她去世几个月后，东京的一家画廊举行了一个展示她作品的小型展览，粉丝们排着长队等待观赏他们喜爱的艺术家的原创插图。虽然知弘广受欢迎，也很有才华，但当时并没有博物馆愿意展出绘本插图，因为博物馆并不认为绘本插图是艺术作品。而知弘却认为绘本是一种艺术，因此她的家人便决定自己建立一个博物馆，以展出知弘与其他杰出绘本艺术家的作品。

1975年，岩崎知弘纪念基金会为此成立。考虑到在没有公共资金的情况下建立博物馆的成本和风险，（基金会）最初的想法是在艺术家的家旁边建立一个小型的住宅式博物馆，由家庭成员和志愿者担任工作人员。在基金会的号召之下，有一千多名粉丝响应并捐款。知弘大部分的作品版权被家人捐给了基金会，作为另一个资金来源，其中也包括了许多新书和使用知弘插画的商品的销售额。

1977年9月11日，知弘绘本艺术博物馆正式开馆。工作人员原本预计每天会有10名观众，但实际上第一天就有超过400名观众到访，挤满了小小的博物馆。就这样，这家拥有两个展厅、一个图书馆和一个储藏室的博物馆在东京西部一个安静的街区开始了它的历程。知弘的原创插图和其他绘本艺术家的作品吸引了许多观众，这使得博物馆的工作人员坚信他们的理念是正确的。

随着时间的推移，博物馆也在逐渐"成长"。以博物馆的收藏为例：博物馆成立之初，并没有将绘本置于艺术史的背景下进行探讨。知弘的儿子——也是知弘美术馆的馆长——开始对绘本进行研究。在作为评委参加欧洲的绘本插画展时，他了解到其他国家的情况也是如此。于是，博物馆制定了一项政策，将杰出的绘本插图作为文化和艺术遗产进行收集、保存、研究和展览，并与世界各地的绘本艺术家协力合作，共同开发藏品。

此外，为了扩大通常只被视为儿童读物的绘本概念，知弘博物馆希望将绘本的历史作为艺术表现形式之一进行展示。博物馆开始收集历史资料，包括古埃及的亡灵之书、17世纪的日本画卷以及19世纪末的欧洲插图书。

馆藏的扩充需要更大的空间。1997年4月，

东京知弘美术馆

在东京馆成立20年后，安昙野知弘美术馆在距离东京约200公里的长野县开馆。安昙野地区是知弘父母的故乡，拥有丰饶的自然环境，且博物馆周围有一个占地50000平方米的公园。

目前，知弘美术馆收藏了来自34个国家和地区共计207位艺术家的27200件艺术作品，其中历史收藏品的数量超过了1000件。

知弘美术馆的建立和成功推动了日本更多绘本博物馆的开设，公共艺术博物馆也开始举办绘本插图的展览。在日本以外，美国开设了艾瑞卡尔绘本艺术博物馆（The Eric Carle Museum of Picture Book Art），其他亚洲地区也萌生了对这类博物馆的兴趣。

多年来，知弘美术馆的活动范围不断扩大。展览每年都会有几次主题活动，有来自中国、克罗地亚、巴西、澳大利亚、俄罗斯和其他许多地方的艺术家参展。2018年，为纪念知弘诞辰100周年，博物馆与来自诗歌、摄影、设计、媒体艺术等不同领域的当代艺术家合作举办了一系列特展。

正如俗语所说："放眼全球，立足本地。"这两座博物馆与当地社区联系紧密。东京知弘美术馆举办了"儿歌游戏时间"的活动，邀请该地区的幼儿和他们的父母一起在博物馆里唱歌和游戏，享受轻松的时光。此外，博物馆欢迎、鼓励儿童进行他们人生中的首次博物馆参观，并准备了特别的设施和项目。安昙野知弘美术馆与当地学校也有紧密联系。每年夏天，来自松川中学（Matsukawa Middle School）的学生会成员作为志愿者，向博物馆各年龄层的游客传授知弘的水彩画技术以及提供导览服务。这个独特的项目已经持续了18年，一些志愿者毕业之后也会作为实

安昙野知弘美术馆 ©KODANSHA

习生或教师再次访问博物馆。

我们的活动范围并不局限于这两个博物馆，也会与日本不同的博物馆合作举办展览，使日本其他地区的人们也有机会看到博物馆的收藏。此外，以知弘和日本绘本艺术家为主题的展览也在亚洲，包括中国、韩国、泰国、印度尼西亚、新加坡等地展出。我们相信，在邻国举办展览、讲座和工作坊有助于丰富双方的绘本文化。

我们希望通过展览和活动，让人们了解绘本插图作为一种艺术形式的重要性，并怀抱欣赏的态度，见证不同国家、不同文化的插画的优秀之处，从而建立起国家间的尊重与和平。

当我写下这篇文章的时候，世界上许多国家正面临着疫情的困境。知弘美术馆希望通过展示来自世界各地的艺术家的作品和绘本，为人们的日常生活提供一种精神支持，创造一个能够让人们反思那些被遗忘或被忽略之事的场所。

2019年，知弘美术馆从1150家成员机构中脱颖而出，成为2019年日本博物馆协会奖（the Japanese Association of Museums Award）的两位获奖者之一。这个新的奖项授予那些为促进日本博物馆发展做出突出贡献并成为业内典范的博物馆。同样在2019年，博物馆还被授予了艾瑞卡尔桥梁奖（the Carle Honors Bridge Award），该奖项"表彰那些在各领域做出努力，找到启发性方式，将绘本艺术带给更多观众的个人和组织"。

作为致力于绘本艺术的博物馆先驱，我们希望继续为创建更好的世界而努力。

（陈颖琪译，胡凯云校）

圣乔治搁浅博物馆

2019年欧洲博物馆学院斯列托奖[1]

英厄堡·斯万内维克（Ingeborg Svennevig）
霍尔斯特布罗文化历史博物馆馆长

↗
www.strandingsmuseet.dk
↗
info@strandingsmuseet.dk
↗
Strandingsmuseum St. George
Vesterhavsgade 1E
Thorsminde
6990 Ulfborg
Denmark

特定的地点，特别的博物馆

圣乔治搁浅博物馆是一个建于特定地点的博物馆。尽管这个博物馆位于丹麦西海岸一个偏远的小渔村，但它讲述了世界性的历史。对人们来说，在海洋上发生的大多数故事仍然是个谜，而搁浅博物馆旨在将这些故事带到岸上，带给博物馆的观众。

馆藏的物件源自大海的馈赠，这些独特的藏品是博物馆的核心。其中拿破仑时期英国海军的日常物品是世界上其他地方都没有的。无论是游客还是当地居民，大家都为海而来到托斯明德。大多数游客在夏季来访，欣赏海洋的壮阔与美丽。而当地居民把海视为生活中不可或缺的一部分，他们非常了解海洋的不同状态（例如风浪、潮汐变化），知道在何时何地去捕鱼、潜水、海边寻物，才能获得最佳效益。此外，他们对这片海洋的故事有着强烈的认同与归属感。

圣乔治搁浅博物馆想通过讲述当地的故事，尤其是讲述如今规模日渐萎缩、走向边缘化的渔业群体的故事，来激发当地人的自豪感。博物馆利用自然材料使讲述方式与所在地相适应，并与当地社区达成了紧密合作。我们不仅对博物馆负有责任，而且还是当地社区的一员，尽管社区规模较小，但非常需要博物馆来发声，通过博物馆强大的故事讲述能力，更好地传播和保存社区的历史和文化。因此，我们获得了2019年的斯列托奖（The Silletto Prize）。

博物馆旨在保护当地人的归属感和自豪感，同时向观众揭示夏季美丽北海的秘密，让他们逐渐了解这个地区。

在人类历史上，海运一直是主要运输方式。丹麦有句俗语："海洋连接着世界，而陆地分隔着世界。"曾经有许多船只会经过托斯明德，前往波罗的海利润丰厚的市场，或者运载来自北方的珍奇货物。海员们都知道，丹麦的西海岸很危险：从陆地上看，它似乎是温柔平静的海滩；但这片平坦的海岸在水下有多达三个沙洲，冬季还会有猛烈的风暴，对于没有发动机和GPS的船只来说，这里是极其危险的航行地带。

我们希望（通过讲述）展示这里的交通、季节变化以及海岸人民的生活，给游客进行背景介绍，以便理解博物馆里两艘英国战列舰的悲剧故事。这是关于海员在拿破仑战争期间想要回家过圣诞节的悲剧，是从"防御号"（HMS Defence）中挽救的文件中揭示的个人故事，同时也展示了英国海军战舰上的等级制度。这是一个被时光冻结的真实故事——从海中打捞的物件，比如鞋子、盘子和纽扣，让观众能够直观感受到逝去的海员曾经存在的痕迹。

人生是由许多决定组成的，有时候你会做出错误的决定——或者说，当权者会做出错误的决

策。1811年11月,英国皇家海军"圣乔治"号在波罗的海失去了船舵。但该船的船长还是决定继续航行回母港,结果这两艘战列舰在冬季一场可怕的风暴中搁浅了。

博物馆展览使用了很多可以唤起情感的元素,因为讲述的沉船故事是悲伤的,且与决策、希望和恐惧有关,我们希望能在展览中还原真实的历史情况。

在新博物馆中,我们还讲述了其他搁浅事件,以及沿海居民和海上旅行者之间的文化交流。其中最奇特的一个故事是:1902年搁浅的一艘俄罗斯蒸汽船上有一群中国船员,当地人对他们的面孔感到很惊诧,直呼"人类居然能够长得如此奇怪"。后来,这些中国人穿着丹麦人的服饰拍摄的照片还被印成了明信片。

博物馆在这个板块安装了一个简易的明信片装置,邀请观众填写他们想要招待海外访客的方式。这个装置超出了我们的预期,无论是儿童还是成年人都积极填写,他们的回答反映了当今社会人们的价值观、文化认同和待客之道。

最后一个展厅展示的是一些尚未讲述过的历史故事,这些故事发生在博物馆附近的海域和沿岸地区,如果博物馆或者是海洋考古学家发现了一些物品,仍然需要解释它们的意义:它们是文化遗产还是垃圾?它们在自然环境中是否被完好地保存、是否遭到了损害、是否被海洋生物吞食?此外,在展厅里,观众还可以参加一个有趣的活动,在博物馆模拟的海底中寻找隐藏的"宝藏"。

博物馆的特别展厅是一个多功能空间,可以举办会议和派对,并进行学术论文研讨,在这里讲述关于海洋的现代故事。我们希望博物馆全年

都充满生机，作为多元空间而备受欢迎。

虽然博物馆的各个部分都各具特色，但塔楼无疑是最重要的核心，这座塔可能是欧洲最大的展示空间，展示了英国皇家海军"圣乔治"号的船舵，观众可登上开放式观景台，欣赏丹麦险峻的西海岸和美丽的小渔村托斯明德的全景。归根到底，博物馆希望通过讲述发生在这里的故事，向观众传递这个地方的独特魅力与价值。

（练文婷译，王思怡校）

译注：

[1] 斯列托奖是由斯列托信托基金赞助的奖项。斯列托信托公司是一个家族企业，设立于马恩岛。由于企业创始人雷金纳德·欧内斯特·斯列托（Reginald Ernest Silletto）先生对博物馆事业的极大关注以及他生前与欧洲博物馆协会的许多合作，他的继承者们决定设立"斯列托奖"，并作为欧洲博物馆年奖的一部分。该奖授予那些能体现博物馆公益性、对当地社会的文博事业做出巨大贡献，或在志愿者培养方面具有突出表现的博物馆。

中国丝绸博物馆
2019年中国博物馆协会
全国最具创新力博物馆

赵丰
中国丝绸博物馆名誉馆长

↗
www.chinasilkmuseum.com
↗
fungyingchao@163.com

China National Silk Museum
73-1 Yuhuangshan Rd
Xihu, Hangzhou
Zhejiang
China

汉服节：面向传统服装界

中国丝绸博物馆位于杭州西子湖畔，靠近上海，是中国第一大纺织和时尚类博物馆。它于1992年向公众开放，经过扩建和翻修后，在2016年G20峰会期间重新开放，2019年被中国博物馆协会评为全国最具创新力博物馆。

中国丝绸博物馆主要收集中国的丝织品与来自世界各地的其他纺织品和服装。博物馆内有几个展馆，其中的丝绸之路展馆展示了中国五千年历史中的丝织品。此外，中国丝绸博物馆牵头成立了中国蚕桑丝织技艺保护联盟，这一技艺已经被列入联合国教科文组织非物质文化遗产名录，博物馆中也展示了从养蚕到织造、染色的整个过程。此外，丝绸博物馆还设立了纺织品文物保护国家文物局重点科研基地，负责保护和修复来自全国各地的纺织品。近年来，丝绸博物馆加强了与各博物馆、机构和大学的合作。2015年，博物馆牵头成立了国际丝绸之路研究联盟（the International Association for Study of the Silk Road Textiles，简称IASSRT），联盟中包含了来自18个国家和地区的30多个机构，每年在亚洲和欧洲各举行一次研讨会。

汉服节的背景

从字面意思上看，汉服是指中国汉族人的传统服装。近年来，汉服已经成为中国年轻群体的新潮流，各种汉服活动层出不穷。许多人穿着汉服来到丝绸博物馆，欣赏那些具有中国传统风格的服装，就像展厅里的服装秀或角色扮演表演一样，吸引着其他观众的目光。此外，汉服正逐渐发展成为一个具有庞大市场的产业。根据艾媒咨询的数据，汉服消费者的数量迅速增长，2018年达到了204.2万，同比增长72.9%。

2019年国际博物馆日的主题是"作为文化中枢的博物馆：传统的未来"，这与我们认知中的博物馆功能非常吻合。汉服在中国有固定的受众群体，他们的目标是继承和恢复这一传统。然而，他们对汉服没有足够的了解，也不懂得这些服装是如何制作的，并且受距离所限，无法当面进行讨论。在这种情况下，博物馆可以为他们提供平台，使其有机会研究我们的藏品服装、参加资深学者的讲座、相互学习并交流观点。因此，我们决定从2018年起，每年春天在丝绸博物馆组织名为"汉服节"的社会教育项目。我们的口号是"让文物活起来，让生活更美好"，我们的目的是呈现一个不同于其他普通汉服活动的汉服节。这一尝试也符合政府系统传承中国文化、认真保护文化遗产和发展传统工艺的目标。

为期两天的活动

中国丝绸博物馆每年汉服节的主题各不相同。2018年的主题是"以物证源"，2019年的主题是"明之华章"，每次都有为期两天的活动。

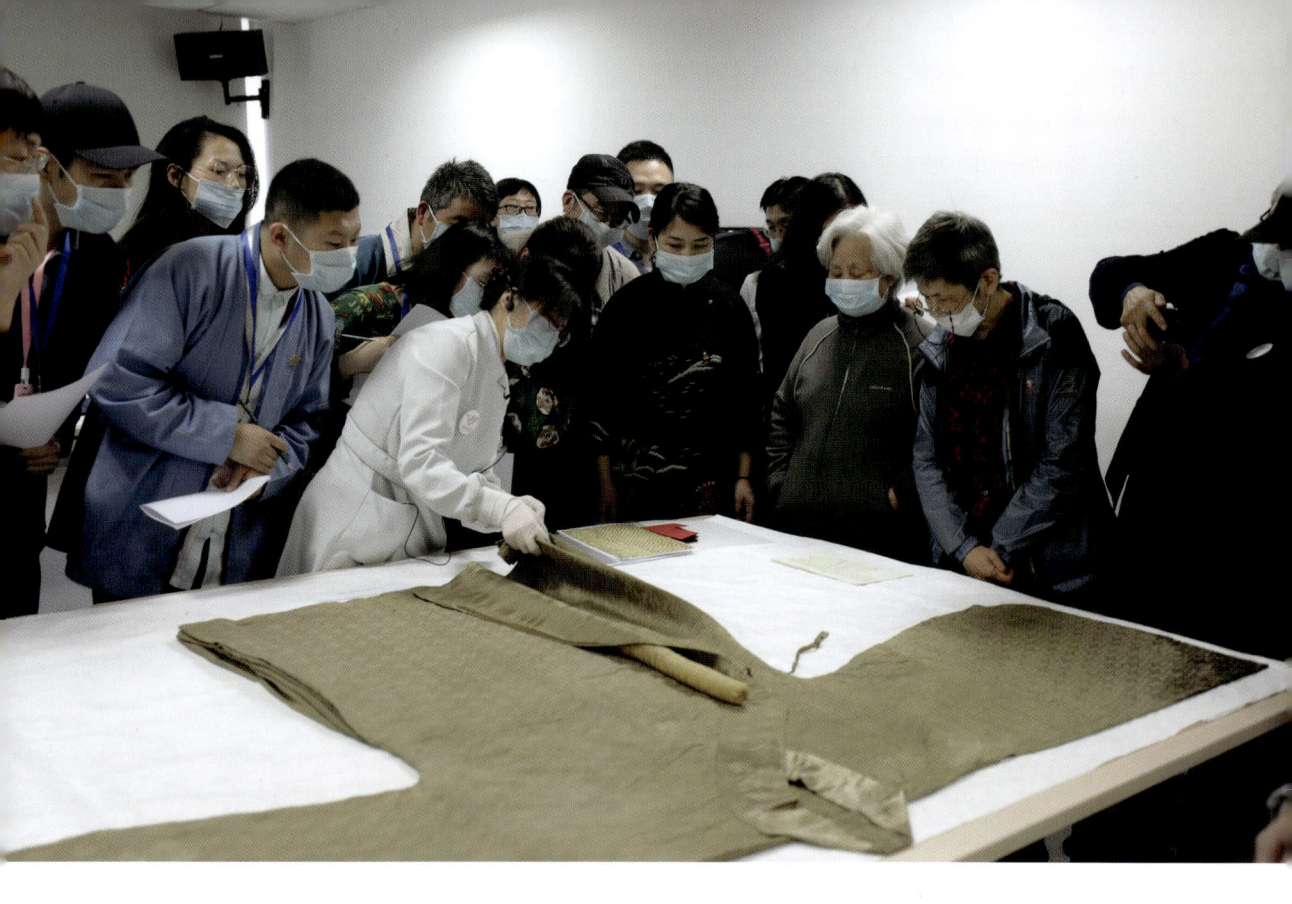

第一天上午，所有与会者都参加了我们常设展的导览，欣赏展厅最新轮换的服装。此外，还有一些专门为汉服节活动筹备的传统服饰特展，如2018年的宋代服饰展和2019年的韩国传统服饰与织物展。

下午，来自北京国家博物馆、研究中国服饰的著名学者孙机教授和其他资深学者应邀发表演讲。他们结合各种文献和考古发现，与观众分享研究成果。此外，约有20名幸运观众能够在藏品楼的学习室里近距离鉴赏古代服饰真品，其他人则在大礼堂观看现场直播。

由6个汉服团队呈现的"汉服之夜"将汉服节活动推向高潮。每个团队通过服装秀呈现不同类型的服饰，譬如宫廷服饰、典礼服饰、休闲服饰等。所有表演都会告诉观众这些服装的来源，它们的研究、修复过程，以及在真实历史中的故事。

第二天上午，约有六位年轻学者在汉服论坛上就汉服运动的研究、再现、设计、生产、推广和教育发表观点；下午的"汉服萌娃秀"则吸引了许多家庭。

整个活动期间还开设了工匠营和手工艺品集市，观众可以体验中国传统服饰、购买纪念品。通过这种方式，活动不断增强公众的参与感、获得感和认同感，真正实现了国际博物馆协会倡导的"以观众为中心，面向社会"的理念。

内外合作

作为一个人力资源有限的小型主题博物馆，我们正在加强博物馆各部门和团队之间的内部合作，充分利用外部资源，与合作伙伴、行业、市场和媒体资源保持密切联系。

对内，我们全面调动了博物馆各部门的资源。策展人组织了服装临展，许多长期从事研究

和保护工作的专业人员对我们的代表性藏品进行了解读。尤其值得一提的是，汉服节的主要发起人和组织者是博物馆的一位导览人员，她本身就是汉服群体中的一员，对中国传统服饰非常了解。换句话说，她知道汉服群体的需求，所以她为这个群体提供了一个更好的展示平台。

对外，我们扩大了媒体覆盖面，倡导用户原创内容（User-Generated Content，简称UGC）收集，扩大了中国传统服饰文化的传播影响力。一些网络服饰名人也参与了此次汉服节。随着相关宣传的开展，新浪微博的阅读量和在线互动都取得了突破。此外，许多企业凭借其成熟而丰富的市场经验，在汉服节的执行过程中发挥了重要作用。

汉服节充分激发和满足了传统服饰消费者的兴趣，同时也得到了极大的支持。我们帮助他们更深入地了解文化内涵，并将他们培养成博物馆之友。

更多举措

近年来，除了汉服节，我们还参与了许多其他成功的遗产保护举措。其中，"全球旗袍日"旨在向世界普及旗袍，将中国与其他国家连接在一起。2019年，我们还举办了首届"天然染料双年展"，让来自世界各地的学者、艺术家和工匠分享研究成果。从今年开始，我们将在每年6月举办"丝绸之路周"，全面推动丝绸之路沿线的丝绸研究，促进传统工艺的继承和创新。

现在，汉服节已经成功举办了两届，并计划了未来五年的主题。去年，它获得了2019年IAI国际旅游奖。在未来，我们可以拓展内容，把它变成一个规模更大的国际服装节。因此，我们欢迎您每年将传统民族服饰从您的博物馆或社区带来杭州的世界遗产地西湖，与我们分享您的文化和工艺，以期在未来提高服装传统的地位。

（陈颖琪译，胡凯云校）

安德鲁·卡内基故居博物馆
2019小型博物馆类&家庭友好博物馆奖

柯克利·库克（Kirkle Kook）
安德鲁·卡内基故居博物馆经理与策展人

↗
www.carnegiebirthplace.com
↗
curatorial@carnegiebirthplace.com

Andrew Carnegie Birthplace Museum
Moodie St
Dunfermline KY12 7PL
United Kingdom

为所有人创建的博物馆：成为一个家庭友好型博物馆

位于苏格兰邓弗姆林的安德鲁·卡内基故居博物馆讲述了出生于苏格兰的美国钢铁大王——慈善家安德鲁·卡内基（Andrew Carnegie）的故事。当谈到纽约的卡内基音乐厅、放置在卡内基自然历史博物馆的梁龙骨架、荷兰海牙的和平宫或世界各地由卡内基资助建立的2800多个公共图书馆时，人们可能会联想到他的名字。

我们的博物馆由两部分组成：1835年卡内基出生时的织布工小屋，以及与之相邻的20世纪20年代由卡内基遗孀露易斯以"激励后人追随他的脚步"为目的建造的博物馆大厅。2019年，博物馆获得了非营利组织"孩子们游博物馆"（Kids in Museums，简称KiM）设立的"家庭友好博物馆奖"（Kids in Museums Family Friendly Museum Award）。

2016年，当我开始担任博物馆主管和策展人时，博物馆并没有雇用过学习专员（learning officer）。当时，志愿者会为小学团队提供工作坊，却尚未为前来参观的家庭提供工作坊或馆内活动。而安德鲁·卡内基相信家庭的重要性，认为应该为所有人提供平等的学习机会（无关其年龄、性别、经济背景或国籍）。受到卡内基观念的激励，我希望能改变博物馆的现状。此外，观众数据也驱使我们做出改变。数据显示，年轻观众（16岁以下）只占我们观众的14%（1500个孩子），而生活在邓弗姆林地区的20%的人口（14000个孩子）是15岁及以下的。很明显，社区中很大一部分人是我们没能接触到的。

当我怀抱着很大的热情，却不知从何处着手时，我发现《儿童友好博物馆宣言》（Kids in Museums Manifesto）非常有用。该宣言发布于2004年，是一套与儿童、年轻人和家庭共同制定的简要博物馆指南，其中列出了他们认为能够使博物馆成为绝佳参观场所的内容。今天，全世界有近900家博物馆和遗产机构签署了该宣言。

成为家庭友好型博物馆的第一阶段尝试始于2017年，最初的重点落在设施上。我认为，确保博物馆已经准备好平等地欢迎每个人的到来十分重要。在这一阶段，我们开发了以下服务：外语翻译（让非本国儿童的父母也受到欢迎）、数字3D导览（帮助有额外需求或行动不便的人）、走廊和厕所的辅助台阶、感官背包（sensory backpacks，帮助患有自闭症的游客），以及面向0—100岁观众的常设馆内活动（比如提供成人尺寸的服饰，鼓励家庭一起欢度黄金时光）。这里的总体目标不是把儿童设施和活动藏在角落或单独的房间里，而是把它们置于博物馆的陈列之中，特别是放在那些有供成人阅读的大量文字的地方。也就是说，我们同时关注成人与儿童的需求和兴趣。

2018年，博物馆任命了一位出色的学习专

员，他制定了一个精彩的定期家庭活动计划以及面向所有年龄段观众的馆内活动表，确保没有观众会受到冷落。学习官举办了幼儿课程、面向自闭症患者的活动和各种工作坊（从非语言类手工艺到触摸文物活动），这些活动使我们的观众人口统计发生了明显的变化——博物馆的总体观众数量几乎翻了一番，其中将近20%是儿童。

我们在2019年春季申请了"家庭友好博物馆奖"。要获得该奖项，博物馆必须得到当地家庭的提名，很高兴我们做到了！暑假期间，KiM派出匿名家庭小组对所有入围场馆进行考察和评审。在此期间，四个秘密家庭参观了我们的博物馆，他们的反馈是决定该奖项获奖者的重要参考。

给家庭评审员留下深刻印象的是工作人员热情、周到和个性化的接待服务。在旅游景点中，前台工作人员的作用往往会被低估，但事实上他们是每个家庭友好型博物馆的重要组成部分。我们的前台工作人员定期接受培训（包括关怀自闭症、关怀痴呆症和提升普通观众体验的培训），以确保他们在接待各类观众时能够有所准备并保持自信。除了工作人员外，家庭评审员还被本馆为人们提供的便利工具（如显示馆内活动的图片及位置信息的挂带）、丰富的设施和各种工作坊所吸引。

我认为使我们博物馆脱颖而出的是"人人平等"的理念。在考虑设施、陈列、员工发展与项目时，我们的目标是满足各种家庭的需求。对我来说，重要的是要传达这样一个信息：无论您是谁，无论您在哪一天走进我们博物馆的大门，我们都为您提供服务。这些年我们所做的改变并没有花费过多，这些微小但经过精心考虑的调整和

对观众的友好欢迎却带来了巨大的改变。用一位家庭评审员的话说："我参观过许多更大的博物馆，相比之下它们甚至不会付出该馆一半的努力。我将竭诚向其他家庭推荐它！"我相信安德鲁·卡内基会因此感到自豪！

我们的努力也跨越了博物馆的物理围墙。博物馆网站提供了详细的信息，展示观众在博物馆里可以看什么、做什么。我们还利用社交媒体渠道来分享"每日访客"的故事和照片。这个方法非常有效，证明各行各业的人都乐于参观我们的博物馆，这样能够鼓励更多人前来参观。

当然，在这个项目进行的过程中，也面临过一些挑战。在开发新的馆内活动和课程（譬如在严肃主题的展厅里为5岁以下儿童唱歌和讲故事）时，我担心这可能会疏远年长的观众。

然而，情况恰恰相反。年长的观众给我们的反馈是，他们很高兴看到年轻人出现在展厅里！变化实施以来增加了一倍的捐款数额也证明了这一点。

我相信每个博物馆都应该是家庭友好型的，因为限制儿童设施和活动，可能会疏远很大一部分观众（包括那些在有孩子之前就经常来博物馆参观的成年人）。但我的主要观点是，不要害怕把家庭观众带到通常不是"为他们而设"的展厅之中，应该尝试提供周到、优质的服务（不仅仅是提供角落里的灰色婴儿换洗台）。最重要的是要重视并培训前台工作人员。

（陈颖琪译，胡凯云校）

通信博物馆

2019年欧洲博物馆协会奖

克里斯蒂安·罗纳（Christian Rohner）
通信博物馆展览和数字负责人

↗
www.mfk.ch
↗
communicationgmfk.ch
↗
Museum Fur Kommunikation
Helvetiastrasse 16
Ch-3000 Bern 6
Switzerland

个人化的博物馆

通信博物馆成立于1907年,最初名为邮政与电信历史博物馆。自1997年起,它成为瑞士邮政和电信公司Swisscom的私立非营利基金会。这两家公司每年提供运营补贴来资助这座位于伯尔尼市中心的博物馆,该博物馆还依赖第三方资金来支持其项目。市政府拨款、不同的基金会和赞助商以及众筹活动为新的常设展览提供了支持。

通信博物馆是瑞士唯一一家专门致力于通信及其历史的博物馆。通过展览和活动,它探讨了通信及其技术对社会和文化的影响,并将人类及其与通信的互动作为展陈的核心。

2012年,通信博物馆启动了一项全面改革。项目团队采用创新方法进行跨学科合作。2017年8月,博物馆采用了新博物馆学理念,推出了全新的约2000平方米的核心展览。这是一个开创性的项目:博物馆的定位已经从高高在上的神坛转变为大众皆可参与的论坛,博物馆也找到了旧问题的新答案,并将和观众的互动推向了新的高度。

博物馆学概念

通信博物馆的理念基于"三个E":体验(Experience)、娱乐(Entertainment)、教育(Education)。在以体验为导向的展览中,观众通过一种寓教于乐的方式来学习。作为博物馆翻新的一部分,博物馆为提升自身引入了三个新概念。

1.与传统模式的博物馆照管相比,博物馆中的"沟通者"(Communicators)始终作为主导者存在于展览中。他们为博物馆带来了个人对话,成为展览的活力之源,为创造真实的体验提供了火花。沟通者邀请观众以平等的方式进行对话,因为在通信方面,这些人都是专家。当然,他们也可以回答观众的任何问题,并解释博物馆中1001件展品独特的背景故事。简而言之,参观博物馆变成了一次个性化的体验,博物馆可以满足不同观众的需求,还可以将每日新闻和关注热点融入展览。沟通者经过博物馆的专门培训,为这一富有挑战性的角色做好充分准备。

2.易于接触的内容和参与性项目使博物馆变得生动活泼。展览的内容可以调动不同的感官,最大限度地引起观众的兴趣。通过互动展品、游戏、视频、实践活动以及沟通者的参与,观众可以在通信世界中愉快地进行互动体验。观众的积极参与对博物馆理念的贯彻、实施至关重要,除了博物馆内沟通者的促成,博物馆外也通过发起收集展览陈述等参与性项目,为观众创造参与机会。

3.由于通信技术的不断发展,一些展示内容很快就会过时。为了应对这一挑战,通信博物馆

采用了动态策展的方式。展馆的某些部分被设计成可以随时更新的形式，展品可以在几天、几周或几年内进行更新，为经常到馆的观众提供新的体验，让他们了解当代通信领域的最新信息。

故事情节的质量

从有史以来最大的"邮局抢劫案"到海盗电台，再到瑞士第一个半机械人，核心展览的1001件物品背后都有着令人难忘的故事，包括令人兴奋的冒险、富有远见的想法和离奇的意外。通过精彩的叙述方式，通信博物馆为观众提供了一种简单的沉浸式参观方式。

博物馆提供德语、法语和英语三种语言导览。同时，博物馆针对普通公众，听力、视力和行动受限以及在教育方面处于弱势的公民，开发了多样化的参观方式。例如，在博物馆每个展区的序厅播放动画电影，为展品进行一段没有文字的初始介绍。

那些想要深入了解展品的人可以通过触摸屏听取采访、观看纪录片片段、深度挖掘某个故事。普通人和专家的观点为过去、现在和未来的通信世界提供了多方面的补充视角。

核心展览按主题分成六个展区，方便观众多次参观。观众可以根据自己的需要尽可能地规划线路，而关于通信的知识则设计成"小包装"的形式，便于观众消化。如此，观众在每次参观中都能发现新的东西。舒适的博物馆咖啡厅是休息或与其他观众进行讨论的理想场所。

展览设计的创意

博物馆与阿姆斯特丹著名的展览建筑师克斯曼·德琼（Kossmann.dejong）合作，打造了一个氛围浓郁的交流世界。每个人都可以在前庭享受开放式的"模拟聊天室"，与当地社区互动。在博物馆内，一条红地毯和一个大型投影让观众可以摆脱日常社交，直接沉浸在博物馆之旅中。

参观博物馆的观众可以自主选择游览路线，并发现互动装置和深度媒体展示。这些设置贯穿

于六个展区，其目的都是增强观众的参观体验。克斯曼·德琼作品的特点是创造叙事空间。

教育活动计划

在过去的10—15年中，通信博物馆在瑞士博物馆教育领域开了先河，这不仅因为教育部门从一开始就被纳入项目开发中，而且博物馆翻新后，再次为目标人群准备了丰富多样的教育活动。博物馆导览人员为学校团体和其他团体提供专门针对其要求或兴趣的导览服务，导览内容除了事实和故事，还有趣闻逸事。针对8—18岁的学生，博物馆还设计了特别的教育活动。每个活动的核心都是展品，鼓励学生通过发现来学习，活动的内容与学校的教学大纲保持一致。

学龄前儿童在松鼠拉塔托斯克（Ratatösk）的陪伴下探索展览，进行适合他们年龄的交流游戏。对我们来说，重要的是让孩子们直接融入导览，而不只是与家长分开参观博物馆。例如，在父母了解"变革区"通信历史的里程碑时，孩子们可以观看一个关于包裹的儿童电影。这样，一个家庭不必为儿童和成人制定不同的计划，博物馆可以同时兼顾家庭成员的需求。快乐的孩子会成为快乐的大人！

2019年博物馆奖

通信博物馆因其在促进媒体素养方面的创新方式而获得欧洲理事会博物馆奖，这种创新方式有助于提升民主国家的公民责任意识。博物馆不仅仅是一个展示物品的场所，它还是社会互动、新关系和创造性过程的实验室，是一个让所有人探索和讨论与当代文化、历史、政治和意识形态相关的重要问题的聚集场所。

（王秋逸译，宋汉泽校）

斯希丹市立博物馆

2019年观众最喜爱的博物馆奖

迪尔德·卡拉索（Deirdre Carasso）
斯希丹市立博物馆馆长

http://www.stedelijkmuseumschiedam.nl/

info@stedelijkmuseumschiedam.nl

Stedelijk Museum Schiedam
Hoogstraat 112
3111 HL Schiedam
The Netherlands

斯希丹市立博物馆：市镇街道上的房屋

斯希丹市立博物馆位于荷兰斯希丹，邻近欧洲最大的港口城市鹿特丹。斯希丹拥有一个小而美丽的历史中心，一些新的大型建筑区环绕其周围。从很久以前起，它就一直是一个工人阶级市镇，以造船厂和金酒（又称杜松子酒）产业而闻名。斯希丹市有居民8万人，且50岁以下的居民中多有移民背景。这座城市的失业率和犯罪率相对较高，呈现出世界的复杂性。不过它同时是一个尚未完全建成的城镇，十分鼓励开拓精神。斯希丹有时还被称为鹿特丹的布鲁克林，不过要真正成为布鲁克林那样的城市还有很长的路要走。

斯希丹市立博物馆位于斯希丹的市中心，建于一座18世纪的旅馆——同时也是救济所兼医院中。我们的藏品包括展现现当代艺术以及城镇历史的物品。按照荷兰的标准，这是一家中等规模的博物馆，我们雇用了20名正式员工和数十名项目工作人员、博物馆教师和志愿者。

在经历了四年前的一场金融和生存危机之后，博物馆开始努力吸引更多的观众，并创造一个新的社区组织形象。为实现这一要求，博物馆必须要重塑自身。虽然博物馆目前达到了"游客人数翻一番（70000多人）"的目标，但主要问题是：博物馆与这座小镇到底有什么关联？

在这个博物馆里，我们是实干家，而不是纸上谈兵的空想者。我们以妮娜·西蒙（Nina Simon）的方式做了"众有众治众享"（OF, BY&FOR ALL）[1]的活动。我们也是欧洲大陆上唯一一家赶上这场活动首次浪潮的博物馆。妮娜的《艺术的关联性》（The Art of Relevance）是我们寻找新方向的主要灵感来源。

我们试图通过三种方式与社区保持联系。

首先，我们通过（BY）让居民自己创建项目，或者用一起做项目的方式与城镇达成联系。

例如，我们与85个协会密切合作，共同制作了展览的横幅、创作了展览故事。我们用缝纫机一起做横幅，一起吃饭，并在镇上举行游行。这一关联网络的积极影响延续至今。比如，大丽花协会（Dahlia Association）依然每年都会在博物馆的咖啡馆里摆放鲜花，有时会附上一张卡片："这些花是真的"。

艾萨（Isa）和莉萨（Lisa）是文法学校[2]的两名学生，他们给我们发了一封电子邮件："嗨，我们能做一个展览吗？"当然可以！这场展览关注社交媒体对年轻人自我形象的影响，它与我们的展览"Rothko I"在同一天开幕。在"Rothko I"展你可以独自欣赏Rothko的一件作品（观展前须上交手机）。而巴特娅·布朗（Batya Brown）则在博物馆组织了令人难忘的腹部彩绘节。

活动中的彩旗与故事，2017年

我们还与德汉拳击学校（boxing school De Haan）联合组织了一场周末的艺术和拳击比赛。我们在门厅里设置了一个拳击场，并邀请了12名当地业余选手参与拳击比赛。我们的负责人迪尔德丽·卡拉索（Deirdre Carasso）也走进了拳击场，与艺术家安妮·温泽尔（Anne Wenzel）一同进行拳击挑战，安妮·温泽尔的作品也在我们博物馆的收藏之列。这些参赛选手都集中训练了八个月。最终，强壮的雕塑家安妮赢得了比赛。比赛的奖品是在博物馆举办一个展览。我们总是全力以赴地一起工作。

圣诞节时，铁路模型协会与艺术家玛登·贝尔（Maarten Bel）以及当地儿童一起制作了铁路冬季景观模型。

其次，我们不再让项目规划只是以艺术界正在发生的事情为导向，而是要确保它符合社区的兴趣。我们选择当前的主题和历史故事以便讨论。在推进项目的过程中，我们扩展了艺术的概念。作为一家肩负社会使命的博物馆，我们不能将自己局限于艺术场景的传统框架中——这些框架是在鉴赏力、竞争和现代艺术自主概念的基础上发展演变而来的。

这些价值观在当代社会正在发生变化。现在是博物馆需要转变并顺应新发展的时候了。

最近的一个案例是"不太时尚的时尚"（Modest Fashion）展览。这个展览是关于包装材料、朴素服装的，其中还包括视频剪辑和Instagram艺术。

第三种方式是让博物馆成为（OF）我们社区的一部分。人们通常会去博物馆学习一些东西。但是，为什么不让参观博物馆成为一种日常状

不太时尚的时尚

态、一种实际需要呢？

例如，你可以在去年的展览"家庭"（Family）中体验到当地18位理发师为你理发，并与他们对话交流。

你能够在"植物假期"中让你家的绿植得到馆内女员工的照顾。今年夏天，我们看到了一株植物的特殊需求："（这株植物）热爱灵魂乐，请每周播放戴安娜·罗斯（Diana Ross）的歌曲两次"。我们用录音机来满足这项需求。

在博物馆的咖啡馆中，我们提供了当地产品的自助餐：你自己准备面包卷和三明治，并支付你认为应付的费用，不过没有人利用这点占便宜。

或者当你想吃巧克力时顺便过来……一位当地居民在Facebook上发布了一条批评博物馆入场券贴纸的消息：到处都是这些贴纸，它们还被胡乱张贴于整个城镇。居民们现在可以收集这些贴纸，集齐一套就可兑换一块巧克力。

最后一个案例是：今年我们与斯希丹的一些组织在斋月期间组织了一次特别的活动。活动之后一名男子来到我们面前说："今晚我在这里祈祷，这个博物馆现在仿佛就是我的房子。"

这些项目都是试图为（FOR）人们创造一个既特别又好客的地方，让人们感到安全和宾至如归，通过艺术和故事，让他们对自己还不知道的事情敞开心扉。这是我们为这个具有适应能力的城镇做出贡献的方式。

2019年，斯希丹市立博物馆被专业委员会提名为"观众最喜爱的博物馆奖"（BankGiro Lottery Museum Award），这是荷兰重要的公共文化奖项之一。为了获奖，我们尽力向公众拉票，为宣传活动设计了十块广告牌，解释我们是什么样的博物馆。许多斯希丹市的居民都加入其中，成为博物馆的共同体，而且这场运动反响热烈。最终我们赢得了2019年度博物馆奖。

（周辰雨译，宋汉泽校）

译注：
[1] 妮娜·西蒙是一家全球性非营利组织"众有众治众享"（OF, BY&FOR ALL）的创始人和首席执行官。——资料来源：马耳他中国文化中心。
[2] 文法学校（grammar school）是西方一种历史悠久的普通学校类型，是近现代重要的中等教育机构之一，发源于古代希腊雅典，为私立初等学校，招收7—14岁儿童。

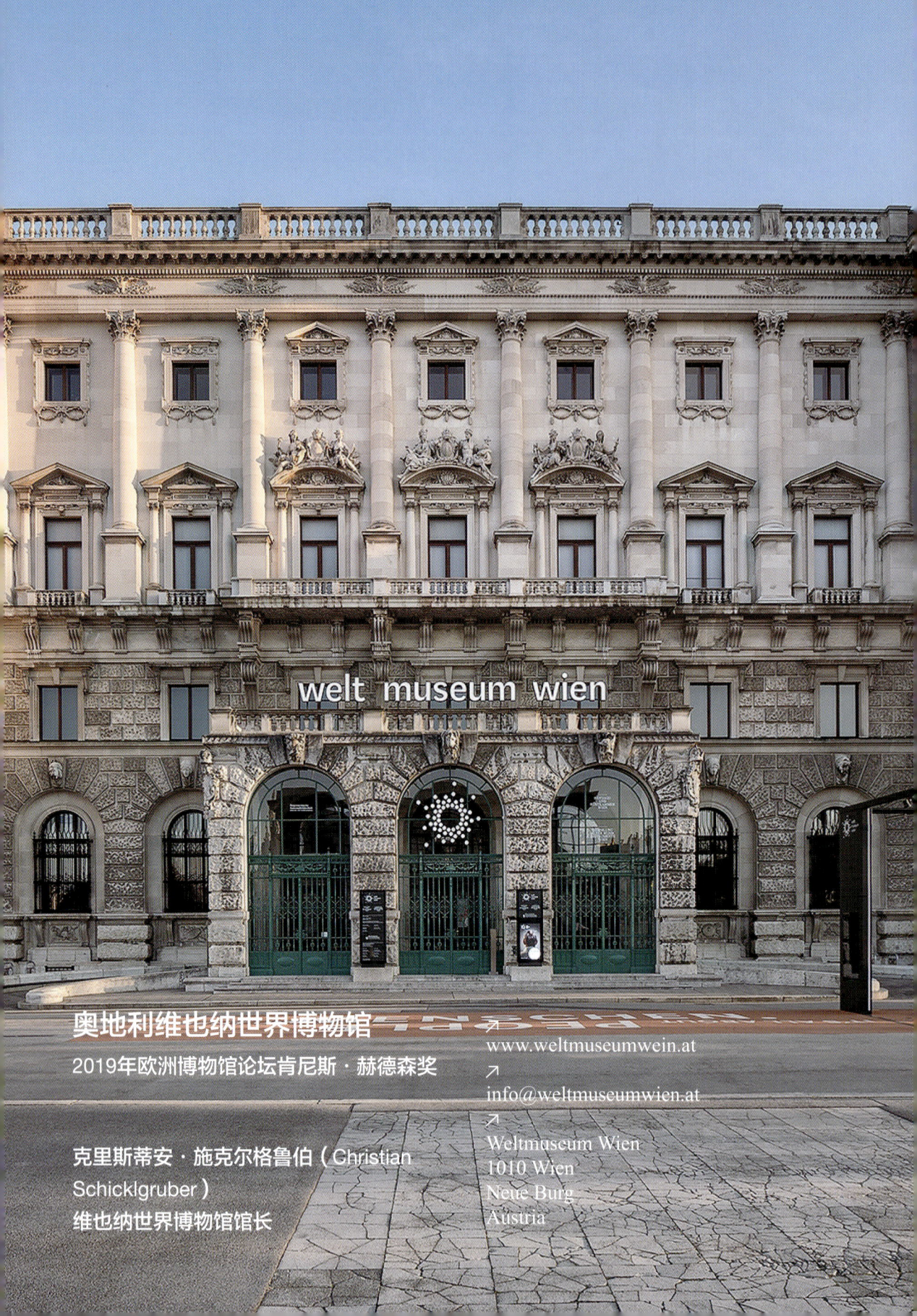

奥地利维也纳世界博物馆
2019年欧洲博物馆论坛肯尼斯·赫德森奖

克里斯蒂安·施克尔格鲁伯（Christian Schicklgruber）
维也纳世界博物馆馆长

www.weltmuseumwein.at
info@weltmuseumwien.at
Weltmuseum Wien
1010 Wien
Neue Burg
Austria

维也纳世界博物馆及其新常设展览的设计原则

经过多年的大规模重建，作为世界上最重要的民族学博物馆之一，维也纳世界博物馆终于在2017年底开馆。常设展览作为新博物馆的核心，结合当代解读，整体得到重新设计，其中包含14个展厅、3127件文物。展览的主题囊括了多个方面：从传统民族学到艺术史，从文物的历史环境到各种世界宗教信仰，再到收藏家的个性等。

当观众看到有关文化多元性和文化间关系的故事时，他们应当反思自己的人生观。对"他者"生活的深入了解应该引起对"自我"的质疑。我们尊敬的观众必须自己找到答案，因为博物馆不能、也不会主动提供答案。

在重新开放一年后，欧洲博物馆论坛（European Museum Forum）向维也纳世界博物馆颁发了备受尊崇的肯尼斯·赫德森奖（Kenneth Hudson Award）。评审团给出的理由如下："很少有欧洲博物馆能深入面对殖民历史，或设法解决其在21世纪的持续遗留问题。而维也纳世界博物馆以独特的智慧诚实地承认其藏品隐含的困境，并努力创造一个新的当代博物馆身份，展示地球上丰富的文化，促进对人权的尊重和文化共存。"

这一解释性声明完美地反映了指导常设展览概念设计的基本原则。以下考虑概述了所有相关策展人之间长时间广泛讨论的结果。

随着民族学研究的发展，民族学博物馆必须告别其工作的最初定位（这一定位至今未经调整）。对维也纳世界博物馆来说，以下三点事实亟需新的解决方案：

- 博物馆无法概述"他者"；
- 单个的物无法被赋予毫无歧义的明确意义；
- 博物馆已经放弃了其作为一个独特的权威性机构的地位，转而承认各种不同的声音。

博物馆无法概述"他者"

整个世界不可能像人们之前认为的那样，在博物馆中以百科全书式的图景得以呈现。世界太大、太多样化了，不可能通过3127件物品展现。因此，民族学博物馆中旧有的分类系统，如"地区""宗教""文化"已经不再有效。这些历史悠久的方向或分类，在很长一段时间内似乎是可靠的，但如今不再是了，取而代之的是在"中国"展厅中利用文物通过隐喻展现关于中国的短篇故事与场景。也正是在这些故事里，"他者"逐渐显现。接着，这些故事被置于更广阔的普遍人性的框架之中。我们只能像这样打开"窗户"，呈现其中能看到的细节。由此，一连串的细节展现出了文化表现的多样图景。

单个的物无法被赋予毫无歧义的明确意义

当描述海外世界时，正是文物赋予了民族学博物馆独特的地位。博物馆里的每件东西都有自己的传记。这份传记可以说明：谁生产了它；谁在什么场合以什么方式使用了它；谁把它遗赠给了谁；谁使用它给别人留下了深刻的印象；最初的拥有者手握它时内心的想法，以及通过使用它，这些拥有者如何理解世界；它如何赋予其最初拥有者世界的意义；为何它会从脱离原生语境，进入到博物馆当中。一件文物所能引发的问题以及回答都是无限的。

而在博物馆内，最终给出的信息被严格限制在这些文物组合而成的具体情境或者叙事之中。

数十万件文物在博物馆的仓库里等待着被展出，以便讲述自己的故事。在维也纳世界博物馆中，只有13%的藏品能够进入永久展览。从这些来自日常生活的物品、工具、衣物、仪式工具、奇珍异宝或艺术作品的多样化和多层面的物品中进行挑选，这个过程本身就是叙述者的主观行为，也折射出人们对世界的看法。

这将我们引向开头所说的第三个立场。

博物馆已经放弃了它作为独特和权威的机构的地位

在14个展厅中讲述的所有故事也都是有着不同的叙述者。

在解释文化现象时，博物馆所建构的单一理论视角揭示了其作为一个权威机构的地位。而在这里，博物馆不再作为一致性叙述的宣读者而发声。相反，特定叙述者的立场决定了其看待其他文化的方式与试图做出的解释。由此，博物馆从一致性叙述的单一阐述者分裂成个体的集合，博物馆不再是单一的机构，而成为多元的叙述者。

通过向观众提供不同的声音——无论是策展

人写的带有个人姓名的标签文本，还是来源社区（source communities）成员在视频屏幕上的评论——这种开放的方式，比任何虚假的客观性和所谓的真实性都要直观得多。这种直观带来的风险是，观众可能会对没有得到一个简明、权威、对于世界不容置疑的"真实"解释而感到失望。

维也纳世界博物馆面临与殖民历史的纠葛

文物是如何来到博物馆的？民族学展览的观众应该知道这个问题的答案。而在充满怀疑的环境下，他们应该了解更多。

在常设展览中，有几个展厅致力于与我们的过去及与殖民历史的纠葛和解，并承担起阐明藏品获取途径的职责。

由于我们的博物馆是受益于欧洲殖民扩张的博物馆之一，许多物品背后的故事以及它们的获取途径，都充斥着侵占和殖民暴力的历史。尽管殖民地在第二次世界大战后争取并获得了独立，但在民族学博物馆里，时间仿佛静止了，这些展品还在静静地陈述着殖民时期的历史。今天，我们直面殖民历史，不仅是为了提高认知，也是为了反思。总之，我们现在处理藏品及其相关人物的方式，将塑造民族学藏品的未来形象。

最后，我想说：通过藏品，维也纳世界博物馆的工作人员有责任使"他者"的边界变得模糊，并且在认可共同人性的基础上彻底消除这样的边界。观众应该将有关人类普遍性和多样性的体验带回家。

（蒋菁译，胡凯云校）

遗产透镜：书写历史与多元叙事 | 47

弗洛伊德博物馆：超现实主义圣诞节
2019年博物馆短片奖

杰米·鲁尔斯（Jamie Ruers）
博物馆活动总监和线上商店运营专员

↗
www.freud.org.uk
↗
Jamie@freud.org.uku
↗
Freud Museum London
20 Maresfield Gardens
London, NW1 7NE
United Kingdom

超现实主义圣诞节——弗洛伊德博物馆的展览：弗洛伊德、达利和纳喀索斯的蜕变

2019年，伦敦弗洛伊德博物馆凭借其宣传广告《超现实主义圣诞节》（A Surreal Christmas）获得"博物馆短片"奖。这支广告宣传了博物馆2018年冬季特展"弗洛伊德、达利和纳喀索斯的蜕变"（Freud, Dalí and the Metamorphosis of Narcissus），展览展示了1938年萨尔瓦多·达利（Salvador Dalí）和西格蒙德·弗洛伊德（Sigmund Freud）在伦敦会面的场景。

该展览于2018年10月开幕，持续到2019年2月，展出了萨尔瓦多·达利的一些著名作品，包括《纳喀索斯的蜕变》（1937年）以及他当时为弗洛伊德画的肖像速写。这些作品与达利和弗洛伊德的出版物、博物馆的藏品以及达利所作的同名诗歌（附朗读音频）一起被展出。

博物馆根据展览开发了一系列定制化产品，馆内的各个部门，包括策展部、教育部、电商部和数字媒体部门，都参与其中，共同制作了一部短片。该视频的灵感来自超现实主义的"自动化"[1]技法，它与弗洛伊德的"自由联想"概念有关。视频所介绍的每件物品都与下一件物品有共同的特点或"关联"。影片的创意制作人卡罗琳娜·乌尔比亚克（Karolina Urbaniak）受到

小弗洛伊德圣诞活动，2019年

特里·吉列姆（Terry Gilliam）在巨蟒喜剧团队（Monty Python）中的工作启发，定制的配乐则受到达达艺术家（Dada artists）的诗歌影响。

与许多博物馆短片不同的是，这部短片有一个商业目标，即在圣诞节期间推广博物馆开发的展览衍生商品。这一展示方式将引导观众参观展览并介绍影片背后的一些故事。

（练文婷译，宋汉泽校）

译注：
[1] 超现实主义自动化（Surrealist automatism）是一种艺术创作方法，艺术家抑制对制作过程的有意识控制，使无意识的思想起主导作用。

Louter工作室[1]、阿姆斯特丹剧院、
莫瑞泰斯皇家美术馆：
变换的形象——寻找约翰·莫瑞泰斯

博物馆+遗产届年度国际项目奖

莱亚·范德芬德（Lea van der Vinde）
莫瑞泰斯皇家美术馆展览负责人

巴伦德·维海恩（Barend Verheijen）
Louter工作室合伙人与创意负责人

杰洛恩·鲁提克斯（Jeroen Luttikhuis）
阿姆斯特丹剧院合伙人与创意负责人

↗
www.mauritshuis.nl
www.studiolouter.nl
www.opera-amsterdam.nl
↗
mail@mauritshuis.nlu
info@studiolouter.nl
studio@opera-amsterdam.nl
↗

Mauritshuis
PO Box 536
2501 CM Den Haag
The Netherlands

Studio Louter
Lutmastraat 191e
1074 TV Amsterdam
The Netherlands

OPERA Amsterdam
Asterweg 20S1
1031 HN Amsterdam
The Netherlands

多元视角下荷兰的殖民历史：
约翰·莫瑞泰斯与莫瑞泰斯皇家美术馆

莫瑞泰斯皇家美术馆是荷兰的一座艺术博物馆，主要收藏17世纪的荷兰画作，尤其以维米尔（Vermeer）的《戴珍珠耳环的女孩》和伦勃朗（Rembrandt）的《尼古拉斯·杜尔博士的解剖学课》等杰作而闻名。莫瑞泰斯皇家美术馆原为拿骚—锡根家族的约翰·莫瑞泰斯伯爵（Johan Maurits, Count of Nassau-Siegen, 1604—1679）的住宅，19世纪成为公共博物馆，展示历代荷兰国王收藏的绘画作品。不过，约翰·莫瑞泰斯对博物馆仍然有着重要影响：以往博物馆只关注他在艺术史方面对艺术、建筑和科学的重要贡献，但其实他也因担任"荷属巴西"的州长而臭名昭著——荷属巴西是巴西东北部的一个种植园殖民地，他利用这个职位在跨大西洋的奴隶贸易中扮演了重要角色。可以说，约翰·莫瑞泰斯的人生故事与荷兰的殖民历史有着千丝万缕的联系。

2018年，荷兰爆发了一场关于殖民主义、奴隶制和遗产话题的公开讨论。当时莫瑞泰斯皇家美术馆决定将约翰·莫瑞泰斯的半身像现代复制品从博物馆门厅移走。一场所谓的"推特大战"（Twitter-war）使这场讨论达到顶峰，荷兰媒体、评论家甚至政客都参与了这场两极分化的辩论。莫瑞泰斯皇家美术馆决定继续通过"变换的形象——寻找约翰·莫瑞泰斯"（Shifting Image – In Search of Johan Maurits）展览与公众对话。这场展览通过莫瑞泰斯皇家美术馆中的著名馆藏，考察人们对约翰·莫瑞泰斯在17世纪荷兰殖民地巴西中所扮演角色的看法。莫瑞泰斯皇家美术馆、阿姆斯特丹剧院和Louter工作室在合作中逐渐形成了举办这场临时展览的设想与概念。

莫瑞泰斯皇家美术馆需要努力去解决一个极具挑战性的问题：作为一个艺术博物馆，如何讲述一个有着奴隶贸易历史背景的民族英雄的敏感故事？而且这个人与博物馆同名，无法将其与所处的博物馆机构分开。由此，Louter工作室和阿姆斯特丹剧院需要帮助博物馆创造一个展览概念和设计，让观众去探索荷兰民族历史在这一部分的多种视角。这场展览的目的不是策划一个单一的故事，而是去展示多元的视角与背景，强调所谓"黄金时代"（Golden Age）的复杂性。为了能够积极引发对"变换的形象"的思考，我们决定一方面向观众提供约翰·莫瑞泰斯的基本历史信息，另一方面展现出馆藏艺术品及其相关历史的多种视角。

我们将2018年爆发的"推特大战"带进了博物馆。这是一次冒险的决定。我们将推特上的言论投射在一面满是莫瑞泰斯半身像3D复制品的墙上，以此来描绘进步派和保守派对拆除雕像的看法之间的冲突，而多件半身像也代表了约翰·莫瑞泰斯的多面形象。

通过邀请不同的声音进入博物馆，我们创造

了一个多元发声的空间。我们邀请了一个由策展人、历史学家、艺术史学家、文物修复工作者、人类学家、生物学家、营销专家、表演者和政治家等46名专业人士组成的国际小组为此次展览中展出的艺术品写下新的说明文字。小组的作者包括那些对莫瑞泰斯皇家美术馆先前处理殖民历史的方式持批判态度的人。这个项目的一个重要目标就是为社会层面的辩论做出建设性贡献，为各种意见提供发表空间。

这次展出的艺术品大部分是约翰·莫瑞泰斯本人的肖像画，以及与莫瑞泰斯一起前往荷属巴西（殖民地）的艺术家们的画作。所有的艺术作品都来自莫瑞泰斯皇家美术馆的永久收藏，这一选择有意将重点放在与莫瑞泰斯皇家美术馆直接相关的历史上，包括约翰·莫瑞泰斯本人所涉及的殖民历史。我们改变了原先在每件展品旁边仅提供一个说明牌的做法，而是在每件艺术品旁边都放置4—6个简短的说明文本。这55个不同的标签表明，一幅画的含义或对其的阐释的变动，不仅因为时间的推移，还取决于观看艺术品的人不同的观点和背景。平板电脑上的软件以交互的方式呈现新的对象标签，且没有特定的顺序、层次或通用线索，观众可以以此感受来自批判性思考的挑战，并激发他们形成自己的想象和观点。为确保所有的作者都能分享最真实的叙述，我们尽可能少地编辑，即所有作者都要文责自负，直到展期结束。每一条说明文字都有作者的签名，观众可以了解作者的个人简历，包括一张个人照片。这次展览中并没有匿名的"博物馆"文本[2]，而是由具体到人，这种复合多元和开放的方式对博物馆来说是一次独特的尝试。

博物馆通过图像化的时间线为观众提供了关于约翰·莫瑞泰斯生活和工作的信息概述。"糖宫"（Sugar Palace）这一艺术装置突出了莫瑞泰斯皇家美术馆的昵称，它可以追溯到17世纪，大概是当时用约翰·莫瑞泰斯从巴西的甘蔗种植园中获得的利润建造的。三面墙对墙的投影展示着讲述约翰·莫瑞泰斯生活故事的图像和简短文本，其中的重点就是荷属巴西。这为展览增加了一层附加的图像和信息。这些投影还可以展示出对展览故事很重要但不属于莫瑞泰斯皇家美术馆馆藏的艺术品图像，例如一幅胸部有"莫瑞泰

斯"品牌标志的被奴役非洲妇女的画。

"变换的形象"这个展览并不是项目研究的结束，而是一个起点——一个反思荷兰过去形象复杂性的时刻，尤其是约翰·莫瑞泰斯和荷属巴西的形象。此次展览标志着"再论荷属巴西和约翰·莫瑞泰斯"科学研究项目的开始，在该项目中，一组国际历史学家研究了约翰·莫瑞泰斯在荷属巴西所扮演的角色，观众还可以在平板电脑上指出他们认为最值得研究的问题，从而为博物馆的深入研究做出贡献。

此次展览中，观众可以观看、解读、感叹、审视并积极参与。他们可以体验到：历史不仅仅是一个故事，而且会因时间和视角变化。莫瑞泰斯皇家美术馆的前负责人艾米莉·戈登克尔（Emilie Gordenker）在接受《纽约时报》采访时，以一种很好的方式阐述了这种开放方式："我们从2018年的'推特大战'中学到的是，作为一个公共机构，我们的任务是提供尽可能多的视角，而观众则多形成自己的意见。我们意识到在两种极端观点之间有一个非常大的中间地带，这就是我们作为博物馆想要到的位置。""变换的形象"这场展览并没有引发新一轮"推特大战"，而是激发了建设性的讨论并寻求事物之间的联系。这次展览的制作对莫瑞泰斯皇家美术馆产生了变革性的影响，最突出的成果是重置了博物馆中的一个展厅，且将永久展出这个展览的核心部分。

（周辰雨译，宋汉泽校）

译注：

[1] Louter工作室是一家为博物馆进行内容设计的工作室，帮助博物馆让故事更加令观众记忆深刻。

[2] 没有作者的、直接由博物馆提供的、对于观众来说近乎为权威知识、固定认知的文本内容。

考纳民族和海湾探索中心：
一起讲述真相

2020年博物馆和美术馆国家奖（MAGNA）
全国获奖者

https://www.holdfast.sa.gov.au/bdc

jgarnaut@holdfast.sa.gov.au

Bay Discovery Centre
PO BOX 19, Brighton
South Australia 5048

莉奈特·克罗克（Lynette Crocker）
考纳高级长老

朱利亚·加诺特（Julia Garnaut）
海湾探索中心历史及展览部策展人

关于合作和讲述真相
——给所有人的一课

1836年12月28日，英国人在格莱内尔格（Glenelg，格莱内尔格原居民称为绿鹦鹉之地，Pathawilyangga）[1]的圣文森特海湾（Gulf St Vincent）海岸沿线建立了南澳大利亚殖民区。那一天和南澳大利亚的许多夏日一样，炎热干燥，苍蝇密布。在一棵歪曲的桉树下，英国人举行了仪式，宣读了《宣言文件》，该文件重申了数月前由威廉四世国王颁布的新法律。当天所有自愿的参与者们都未曾意识到他们在历史进程中的位置。这一天的持续影响和他们在此前后所做的抉择，将在南澳大利亚历史上留下深刻的裂痕。这一裂痕将在未来南澳大利亚几代人不同的故事中延续，是他们充满对抗性、暴力和不可思议的真相的历史。

183年后的今天，澳大利亚仍在努力理解和解决自己基于种族主义和殖民行为的国家根源。南澳大利亚州正在应对183年来因否认这一事实而对这个国家造成的后果。两名女性——一名白人和一名原居民，将目光聚焦于历史、教育的重要性，以及博物馆在教导新一代了解我们的过去这一方面所能发挥的作用。她们都知道，真正的理解能够促进人们勉力前行。虽然叙述角度不同，但随着谈话的进行，两人都意识到塑造南澳大利亚历史的故事——学校教导、代代相传的故事——不一定是错误的。相反，在众多"真相"之间，很多故事被遗漏、误解或遗忘在历史尘埃中。

温斯顿·丘吉尔曾说过："历史是由胜利者书写的。"在南澳大利亚，这一说法再合适不过了。过去的"真相"是由那些站在权力一边的人书写、讲述和传达的。在博物馆语境下仍然如此。南澳大利亚的历史很少从原居民的角度讲述，没有由他们书写或为他们书写。是时候抛弃传统的叙事方式了。"真相"（Tiati）展将通过多种声音讲述南澳大利亚历史形成的真相。

从那天起，考纳人（Kaurna）成为这个展览的关键。作为阿德莱德（Adelaide）平原的传统保护者，他们获得了讲述自己故事的平台。同时，我们也意识到，在讲述这段历史时，不应该"抹掉"之前的故事，不应该用一种叙述代替另一种叙述。我们应吸取教训，对两者均予以认可，如果将两个故事结合起来，也许这就是自1836年以来，第一次在博物馆语境下呈现南澳大利亚殖民时期真相的全貌。

展览地点为什么选择海湾发现中心（Bay Discovery Centre museum）？它位于格莱内尔格，距英国殖民者第一次登陆处仅500米。格莱内尔格是南澳大利亚的第一个内陆定居点，也是原居民和殖民者第一次相遇的地方，考纳人对这个地区仍然具有重要的文化意义。今天的格莱内尔格是一个热闹的海滨郊区，每天吸引着成百上千的当地、洲际甚至国际游客（疫情前）。像大

"真相"的主展览空间

多数博物馆一样,海湾发现中心过去一直在积极地延续着殖民主义的叙述。183年前,故事就从这里开始,今天在这里探讨过去的真相再合适不过了。

　　海湾发现中心始于霍尔德法斯特湾市议会的一个倡议,与考纳民族有着密切的持续合作关系。我们共同致力于向更广泛的社区分享考纳的历史和文化,创建未来的合作关系,并推动经济发展的可能性。"一起讲述真相"（Truth-Telling Together）是这种合作关系的延伸。这个项目由博物馆和考纳人共同构思和策划,对于国家和解运动至关重要,也是全球范围内和解运动的目标。

　　2020年,澳大利亚最重要的博物馆组织之一——澳大利亚博物馆和美术馆协会（Australian Museums and Galleries Association）发布了《原居民十年规划》,承诺博物馆空间的去殖民化,并改善原居民在澳大利亚博物馆中的参与和就业状态。尽管这是一份十年的规划,但"一起讲述真相"已将该文件中许多原则变成现实。一位评委评论道：

　　"一起讲述真相"为我们上了一节课,教我们如何使用原居民路线图,并且我认为这个项目成功地达成一个要点,即通过承认多种声音的存在和互动来实现博物馆去殖民化。虽然这似乎显而易见,但去殖民化实践通常采用的方法是用一种叙述替换另一种叙述,而博物馆正确地认识了这种方法的局限性。还有许多规模更大的组织和机构尚未做到这一点。

　　"一起讲述真相"的多种声音,确保这个展览不仅仅是为白人而设。考纳人有机会按照他们选择的方式,在博物馆的墙上书写他们的故事,这也是他们教育自己社区的机会。考纳人杰克·巴克斯金（Jack Buckskin）表示,这个展览是"让原居民,特别是考纳人,让我们的声音被听到的好机会。我们的人民很早就失去了话语权,失去了分享知识和文化的机会,这个展览是从原居民的角度来了解这个国家历史的一个新机会"。

学校组织学生参观"真相"展，2019年

"真相"展在澳大利亚博物馆界开放时，大型机构正在努力寻找讲述这些困难故事的方法，部分原因是它们在历史上扮演过极端的角色——将掠夺文化遗址的殖民者描绘成"英雄"，并否认原居民社区的发言权。当博物馆从业者不得不面对自己曾经参与的行为在当代社会被普遍认为是错误做法时，就很难接受这种解决方案。博物馆可能很难接受在当代语境下，传统的收集和展示方法已经行不通了。也许正因为如此，大多数人选择墨守成规。而海湾发现中心和霍尔德法斯特湾市决定倾听原居民的声音，这个故事中很多内容并不能仅由我们来讲述。除了倾听，博物馆还决定这场展览不能仅仅是"又一场对话"，而必须采取行动将其落实。正是由于这个简单的决定，"真相"展将永远是独一无二的。

在许多人仍艰难应对殖民历史的环境时，很难让每个人都赞成这一做法。"真相"展可能会引起人们的抗议，也可能会引发激烈的讨论与情感的震荡，更多时候则会引起"我从前不知道"（I didn't know）的反应。然而，正是在这样的环境中，"真相"展获得成功。尽管存在挑战，但我们为社区创造了机会，开始面对过去，共同进步，并将这些知识传递给同伴、朋友和家人。

即使有机会回到过去并改变历史，我们可能也不会选择改变。我们的重点始终放在未来、下一步和对社区的继续教育上。博物馆界经常受制于与原居民社区合作的复杂性、克服历史问题以及痛苦叙述所带来的挑战，我们需要尽可能多倾听他人，与他人建立有意义的关系，并思考是否需要去做这样的事情。最后，考纳长者杰弗里·纽丘奇（Jeffrey Newchurch）提出建议："像耐克的广告语一样，尽管去做（Just do it）。"

（张书良译，宋汉泽校）

译注：

[1] 格莱内尔格是南澳大利亚州阿德莱德市的一个海滨郊区，也是一个知名的旅游胜地。它位于阿德莱德市中心以西约10公里处，毗邻圣文森特海湾。

奥斯维辛：记忆犹新，未曾远离

欧洲遗产奖/ 欧罗巴·诺斯特拉奖：教育、培训与公民意识提升

路易斯·费雷罗（Luis Ferreiro）
Musealia主管

↗
www.auschwitz.net
www.musealia.net

↗
info@musealia.net
luisferreiro@musealia.net

↗
Musealia
Paseo de los Fueros 1
1-H. 20005-San Sebastián
Spain

向着旋涡深处

2009年4月，我在生日那天收到了一本书，是维克多·弗兰克（Viktor E. Frankl）写的《活出生命的意义》（*Man's Search for Meaning*），但我并没有马上打开它。那时，我还沉浸在弟弟离世的巨大悲痛之中。他才25岁，死亡来得如此突然。

几个月后的一个晚上，我把这本书拿在手里，不确定自己应当怎么做。在思索了几分钟后，我打开了它并读了开头几页。我得知作者弗兰克是一名年轻的奥地利犹太人，一位本应前途无量的精神病学家。当纳粹军队压境时，他在维也纳街头漫无目的地游荡，此时他必须做出一个选择：是与妻子一同移民到美国，还是与父母一同留在维也纳，后者将会使他们所有人的生命都处于危险之中。时间紧迫，他必须决断。

弗兰克曾被关押在包括奥斯维辛在内的多处纳粹集中营，他的这段经历便是我想要策划一个关于集中营历史的巡回展览的灵感来源。今天，在这个仇恨、种族灭绝和恐怖浪潮依然存在的世界上，我认为仍然有必要以展览的形式向人们分享这个故事。

我们的主要目标之一是通过讲述历史，使我们与最复杂的过去面对面。我们是一家来自西班牙的独立机构Musealia，自成立的20多年来一直致力于通过展览来帮助人们了解人类的历史，并通过讲述人类的过去、现在和未来以吸引、教育和激励世人。我们是一个充满激情和才华的团队，成员们的学术背景涉及叙事、传播、收藏和博物馆学等不同的专业领域。我们的展览以叙事手段、历史严谨、教育价值和情绪影响为特点。

这段始于2009年的漫长旅程，第一阶段在2017年12月的马德里达到高潮。"奥斯维辛：记忆犹新，未曾远离"（Auschwitz. Not long ago. Not far away）展览始于我阅读维克多·弗兰克的书籍时，灵光一闪结出的硕果。在执行策展人何塞·安东尼奥·穆吉卡（José Antonio Múgica）和玛丽亚·特蕾莎·阿吉雷（María Teresa Aguirre）的长期且稳固的支持下，我们组建了一个由国际历史学者和专家组成的团队，其中包括荷兰历史学家罗伯特·扬·范佩尔（Robert Jan van Pelt）博士、美国学者迈克尔·贝伦鲍姆（Michael Berenbaum）、大屠杀教育专家保罗·萨尔门（Paul Salmons）、犹太人大屠杀纪念中心前执行主任米里亚姆·格林鲍姆（Miriam Greenbaum）、建筑学家贾梅尔·泽尼蒂（Djamel Zeniti）。

我们首先制定了一系列原则，以此为指导来应对讲述奥斯维辛集中营故事的方式这一复杂挑战：

- 展览中的原始物件和受害者证词的真实性；

© Musealia | José Barea 摄

- 展览内容的严谨性，使用对大屠杀历史过往最高水准的学术研究；
- 通过引人入胜的多语言音频指南使得展览叙事尽可能生动详实；
- 让展览超越有界的"墙"而形成"无界"的广阔视野，通过一系列文化项目在不同博物馆内进行补充；
- 为参观展览的学校团体提供教育素材。

接下来，我们联系了彼得·希文斯基（Piotr Cywinski）博士领导的奥斯维辛集中营博物馆（the Auschwitz-Birkenau Memorial and Museum）。该博物馆的回应超出了我们的预期，其中首席历史学家彼得·塞特凯维奇（Piotr Setkiewicz）博士和项目专门协调员帕维尔·萨维奇（Pawel Sawicki）为两个机构之间的成功合作发挥了关键的作用。

此次展览将展出大约600件原件，其中大多来自奥斯维辛集中营博物馆馆藏，由该博物馆藏品部负责人埃尔莎贝塔·卡泽尔（Elzbieta Cajzer）提供，剩余展品来自世界各地20多家（位）博物馆、机构和私人藏家。许多展品都是首次对外展出。策展人经过精心挑选，利用每一件展品向人们讲述奥斯维辛集中营复杂且富有戏剧性的历史。

目前该展览正在美国的博物馆巡回展出，并计划未来在世界各地举行巡回展览。奥斯维辛集中营有着双重性质，它既是一个物理空间，又是人类不受约束的残酷暴行的一个象征和隐喻。通过这一巡展，这个故事将会被讲述给数百万人，并带领他们走上一段发人深省的人性之旅。

2020年，该项目以其在教育、培训和公民意识提升上的成就获得欧洲文化遗产领域最负盛名的奖项之一——欧罗巴·诺斯特拉奖（Europa Nostra Award）。这个奖项对于展览团队来说具

博物馆中的犹太人遗产 © John Halpern

有特别的意义，因为这关乎欧洲大陆的文化遗产。我们所知的现代欧洲是建立在第二次世界大战的集中营和大屠杀的道德与物质废墟上的。了解奥斯维辛集中营的废墟、比克瑙火葬场的阴暗角落以及在那里逝去的生命的故事，是如何构成社会的共同遗产，并成为欧洲的一部分，是未来不会重蹈覆辙的第一步。

我们永远不能忘记这个故事。那些对犹太妇女、男性和幼童的大肆屠杀仍历历在目，这并非遥不可及，它就发生在此处，在欧洲大陆的中心，在一个已然现代化的社会，甚至在许多方面与今天社会中发生的事件相似。犹太人大屠杀是社会政治、文化、知识、科学和官僚主义的共谋。该展览的主要目标之一是帮助人们了解奥斯维辛是如何形成的，以及了解它的存在如何让我们与社会和自身产生共鸣。

1970年诺贝尔文学奖得主、俄罗斯历史学家和作家亚历山大·索尔仁尼琴（Aleksandr Solzhenitsyn）曾在集中营度过了十数载春秋，他曾说道：

> 要是坏人都在某个地方阴险地干着坏事就好了，只需把他们同其余的人区别开来，加以消灭就行。但是，区分善恶的界限，却纵横交错在每个人的心中。谁愿意毁掉自己的一部分心脏呢？

历史往往是从大地深处传来的无声呐喊。在奥斯维辛集中营的故事中，这种无声的呐喊给我们带来了警示：一个建立在压迫他人的痛苦之上的仇恨与冷漠、反犹主义和种族灭绝的未来，会把我们带向何方？人类内心黑暗的那一部分会把我们带向何处？

（卜凡译，王思怡校）

"The Box"藏海军船首像保护修复项目
2020年度博物馆+遗产奖之修复保护项目

史蒂夫·康韦（Steve Conway）
安德鲁·卡内基故居博物馆主管和策展人

马克斯韦尔·莫尔登（Maxwell Malden）
奥维斯保护修复组织项目经理

汉斯·汤普森（Hans Thompson）
奥维斯保护修复组织保护主管

www.theboxplymouth.com
www.orbisconservation.co.uk

Steve.Conway@plymouth.gov.uk
info@orbisconservation.co.uk

The Box
Tavistock Place
Plymouth
PL4 8AX
United Kingdom

Orbis Conservation Ltd.
Unit 2 Brookmarsh Trading Estate
London
SE10 9QE
United Kingdom

"The Box"藏海军船首像保护修复项目

项目描述

"The Box"是一家集博物馆、美术馆、档案馆和旅游景点于一身的机构，于2020年5月在普利茅斯市中心开放。该机构对其收藏的海军船首像的保护和展示是一项雄心勃勃的变革性项目，旨在保护和修复14件已经老化的19世纪海军舰艇的船首像，并将它们悬挂在博物馆的主入口处，成为该公共区域中的一个亮眼吸睛的常设展览。

20世纪50年代，人们曾经修复过这些雕像，当时尝试了一些新办法，包括使用玻璃纤维涂覆装饰性雕刻和彩绘表面，但最终都失败了，而且导致雕像进水、内部木材腐烂，这些重要的雕像危在旦夕。

"The Box"提议对它们进行修复，并将20吨重的船首像悬挂在主入口中庭的天花板上，从内而外营造出令人难忘的视觉体验。

总体目标

该项目旨在通过精密的保护修复工作使这些雕像得以长久保存，并借此增加公众与这些雕像的接触，使公众了解普利茅斯的海军遗产及其象征意义。

通过在博物馆的主入口创造这样一个大胆的、动态的、引人入胜的展示，"The Box"希望观众能重新理解这些雕像——它们是重要的漂浮文化遗产（floating heritage），而不是地面安装的大型木雕。这种展示将有助于还原这些作品原先所在的环境和背景。该项目还意图开发具有更广泛适用性的保护和修复技术，使情况类似的雕像或大型木制品能够得到成功保护。

执行

国家皇家海军博物馆（The National Museum of the Royal Navy）同意将这些船首像从德文港海军遗产中心（Devonport Naval Heritage Centre）的一个旧消防棚中取出，永久陈列在"The Box"的展厅中。

奥维斯保护修复组织（Oribis Conservation）是该项目主要的合作伙伴，他们承担了雕像的全面保护、整合和修复工作。此外，奥维斯与PCC材料结构工程师一起设计了定制支架和电枢，将每个雕像都悬挂在指定位置，以实现动态的"漂浮舰队"（floating flotilla）展示。

奥维斯主导了这些结构脆弱的雕像的拆卸和运输工作，这些雕像中最大的高4米、重2.5吨。其中6个老化最严重的运到了奥维斯，7个由迈因

马斯特保护修复组织（Mainmast Conservation）负责，1个由休·哈里森保护修复组织（Hugh Harrison Conservation）负责。欧盟跨区域基金（EU Interreg Funds）资助他们在"土巴资号"和"皇家威廉号"战舰上进行试点实验和信息收集，并将这些信息与其他修复人员分享。

对藏品进行创新性分析

这些体积巨大的雕像限制了大多数结构分析技术的可行性，而悬挂的展览方式要求工作人员必须充分了解木材内部的状况。休·哈里森使用微型钻孔技术来识别内部腐烂的木材，但这些测试仅对其老化程度提供极为有限的认识。

奥维斯进行了一系列创新性试验，最后确认声波断层扫描技术（通常用于测量活树的完整性）能够最大限度地了解船首像的内部状况。声波断层扫描是将一个传感器系统放置在木制雕塑的周围来测量穿过结构的声波。腐烂的木材或木材内部的空洞会影响声波通过物体的传播速度，通过分析传播速度，产生内部结构的层析成像。后期通过软件将这些转换成彩色的横截面图，之后便可识别木材完好、结构受损部位或是空隙的位置。

这种分析技术的应用，避免了对大多数藏品的侵入性破坏，这样就可以使修复工作仅集中于那些内部损坏和腐烂明显的藏品部位上。

拆除、加固和重建重达2吨的雕像

分析表明，老化最严重的雕像需要完全解构，去除腐烂的木材，并安装电枢以恢复其结构稳定性。因此，该项目的第二个重大挑战是制定一种能够加固这些船首像的普适方法。

某些船首像，例如"土巴资号"和"塔玛号"，内部木材非常不稳定（由于腐烂造成的损坏），以至于只剩下大约5—20毫米的薄木材外壳。很明显，修复难度在于如何控制组件的干燥程度和如何添加固结剂，从而使雕像不会发生尺寸变化，且不会破坏组件的结构完整性。保护修复人员必须在干燥过程中尽快向木材中引入固结剂，以重建结构完整性，同时控制干燥过程并实时监测。

在测试过程中，一些木材的水分含量（Moisture Content，简称MC）高达85%。大多数固结剂只能在25%MC以下的木材上发挥作用，因此奥维斯不断进行实验直至找到了一种能够在40%MC下生效的环氧基溶液（低于此水平，将发生不可逆的尺寸/结构变形）。组件需要在专门建造的湿度控制室中干燥，相对湿度（RH%）可以受控降低，防止木材变形或部件收缩。当达到适当的MC时，修复人员就会进行第一轮固结工作，目的是为组件提供足够的结构完整性，使其达到固结剂可以生效的MC水平。一旦达到20%的MC，修复人员就会开始第二轮固结。

去除腐烂部位以确保结构完整性并避免孢子迁移，同时3D扫描使3D铣床能够对缺失区域进行粗雕，并使用传统技术通过手工雕刻进行完善。

奥维斯与"The Box"的结构工程师密切合作，设计了一个由内部支架和电枢组成的系统，使船首像看起来如同漂浮于一条弧线上。这些支架还可用于将它们吊到固定位置并与钢制悬索连接。

奥维斯的3D扫描提供了更完整的图像，可用于确定每个船首像的重量和重心。一些船首像有多达50层油漆，工作人员进行了油漆分析以了解各层级的涂装历史，然后根据分析结果用保护级丙烯酸进行重新粉刷。

2019年10月，奥维斯与"The Box"以及其他合作伙伴共同完成了雕像的最终交付、吊装和固定工作。

成果

该项目成功挽救了14件濒临损害的海军船首像，并且可以将这种保护方法应用在其他处于类似状态的船首像上。同时，显著提升了从安检门进入24小时全天候开放空间的公共体验。

（修复）技术、流程和理解得到提升。工作人员有效地使用声波断层扫描技术扫描整个雕像，而不依赖于现场分析，并且开发了用于测量大型木雕结构完整性的技术。

通过颜料分析，工作人员证实了原始的船首像为铅白色，只有在上岸时才被涂上鲜艳的颜色。而在复原颜色时，他们则参考了一套1911年香烟卡片上的插图，选择了这种真实而生动的色调。

（李湛译，王思怡校）

美国大屠杀纪念馆：翻开历史

2020年美国博物馆协会教育专委会
最佳项目奖

埃里克·施马尔茨（Eric Schmalz）
公民历史团队主管

戴维·克莱文（David Klevan）
数字学习策略规划师

↗
www.newspapers.ushmm.org
www.ushmm.org

↗
eschmalz@ushmm.org

↗
United States Holocaust Memorial Museum
100 Raoul Wallenberg Place
SW Washington, DC 20024-2126
United States

翻开历史：美国报纸与大屠杀

美国大屠杀纪念馆成立于1993年，地处美国华盛顿特区的国家广场。该博物馆是活态的"大屠杀纪念碑"，旨在通过教育和研究，激励和引导世界各地的人们对抗仇恨、反对种族灭绝并维护人类尊严。

作为一个受联邦资助的国家级机构，美国大屠杀纪念馆的任务之一是将大屠杀带来的教训与美国历史联系在一起，并展开教育活动。2010年代初期，美国大屠杀纪念馆展开了一项名为"美国人与美国大屠杀"（Americans and the Holocaust）的项目。该项目将大屠杀视作美国的一段往事，侧重于研究1933—1945年发生在美国的大屠杀事件中本国的官员和人民对纳粹威胁的了解程度，以及他们的应对方法。

在过去的数年中，美国大屠杀纪念馆策划特别展览，并围绕展览制定相关的计划和活动。而一些工作人员则有别的想法："如果我们在一个展览举办之前，先推出一个可能为这个展览做出贡献的研究项目，那么会发生什么？""翻开历史：美国报纸与大屠杀"（History Unfolded: US Newspapers and the Holocaust）项目应运而生。博物馆以成功的公众科学项目和之前开展的项目为蓝本，开展了这项国家公众历史项目。

参与该项目的"公民历史学家"（citizen historians）通过研究当地报纸的在线档案和微缩胶卷，将他们发现的信息上传到项目网站。尽管学生是项目的主要参与群体，但所有使用互联网的人都可以参与其中，贡献一份力量。尽管该项目的基本目标是接收有价值的研究内容，但引导学生们参与其中并培养他们的历史研究能力与分析能力也同样重要。这种研究和教育目标并重的理念，通常是历史博物馆引导社区参与的一种新方式。

总体上，"翻开历史：美国报纸与大屠杀"这一项目获得了巨大的成功。该项目已经达到美国大屠杀纪念馆最初设立的研究与数据收集目标，收到来自各州、特区和波多黎各的45000多份材料，其中包括黑人媒体、犹太媒体、大学报纸等来源的共十几种语言撰写的文章。目前博物馆已将这些材料用于"美国人与美国大屠杀"特别展览、在线展览、巡回展览、教学资料及其他项目。该项目团队希望这些材料和数据在未来的几十年里能够为学者们提供研究资料。

"翻开历史：美国报纸与大屠杀"项目成功实现了美国大屠杀博物馆的教育目标，吸引了数以百计的中学生和大学生群体参与其中。一些大屠杀幸存者参与了本次调查，并为审阅收集上来的材料提供了帮助。该项目团队成员与外部评估人员共同对学生的参与动机、学习能力和其他技能进行了正式的评估。从评估结果来看，这些学生通过更多地学习和了解大屠杀的相关知识，增

强了对原始材料的研究能力和分析技能，并且通过与国家机构的合作变得更具学习积极性。

基于这些成就，"翻开历史"获得了美国博物馆协会教育专委会授予的"2020年度最佳项目奖"。评审们对项目的评估结果印象深刻，并且特别指出，在如今美国反犹浪潮逐渐抬头的背景下，这个项目具有重要的意义。

该项目取得成功的原因之一是"研究冲刺"（research sprint）。在一个典型的研究冲刺模式中，主办机构诸如图书馆或档案馆会邀请社区成员对本馆藏品进行研究并提交其研究成果。这些活动通常持续几个小时，可能邀请当地专家进行演讲。有些活动是长期性的，因此一些志愿者可能会成为固定的参与者，并在团体中影响其所在社区。该项目的社区经理还组织了为期一周或时间更长的"虚拟冲刺活动"，鼓励所有志愿者在任何地方开展和贡献自己的研究。

该项目取得成功的另一个原因是强大的机构支持。"翻开历史"是美国大屠杀纪念馆第一个有着明确目的和专项资金的公众历史项目。同时，该项目聘请了一位全职的社区经理以监督和审阅公众提交的材料，协助教育工作者和学生进行研究，并对该项目进行总体推进。社区经理对于关照志愿者的需求和培养社区氛围也至关重要。正如许多学生或成人"资深用户"（power users）所说，博物馆工作人员提供的个性化、及时性的反馈给了他们巨大的力量，也为他们的工作赋予了重要意义。

该项目最大的挑战之一是如何将志愿者与报纸收藏联系起来。由于各地区之间和地区内部的情况差异较大，许多报纸并没有被数字化存储，当地图书馆可能也鲜有微缩胶片阅读器供访客使用。在线报纸收藏要么受到地方访问权限的限制，要么需要付费后才能查看。在疫情的影响下，人们前往图书馆、档案馆和历史学会变得更加困难。

为应对这一挑战，教育工作者选择直接与报社展开合作，希望获得其历史档案的访问权。在某些情况下，学生们获取的是当时报纸的复制品。"翻开历史"项目团队也创建了一个藏品清单，包含目前他们已知的报纸收藏信息，鼓励教

"翻开历史"项目团队的成员在MLK图书馆开展工作

育工作者联系图书馆，并帮助协调与当地机构的研究活动。因此，许多教育工作者能够为学生寻找获取报纸收藏的渠道，尤其是通过当地图书馆进行在线查阅。

该项目团队还面临着一项挑战，他们需要对志愿者们不断变化的需求做出回应，以及随着项目的发展扩大资源规模。最初的项目团队只包括一位主管、一位教育负责人、一位历史学家和一位社区经理，几乎所有的工作都由他们处理。在过去的三年里，项目团队培训了一批志愿者和临时员工来承担大部分的审阅工作，这些额外的人员支持是项目的主要开支。该项目的网站需要改进和及时更新，但博物馆的网络团队能够分配给更新网站的精力有限，因此网站更新的频率极低。

最后，时间规划和未来展望对项目团队来说仍然是一项难题。博物馆应该如何以及何时停止数据收集？整理材料有穷尽之时吗？从研究的角度来看，穷尽材料是最理想的，但很可能无法实现。在最初的计划里，展览开幕之日便是该项目的结束之时，但其间仅仅只有两年时间，这意味着仍有很多的教育工作者刚刚发现或正在进行这项工作。同时，如果为该项目设置一个特定的结束日期，是否需要制定一个替代计划以继续欢迎志愿者的加入？尤其是那些在这个项目中投入了多年努力的志愿者。

考虑是否开展类似的项目应该从博物馆自身的目标出发，进而判断公民历史项目是否能达到这些目标。同时，项目提案应包括实际的推广方案和初步计划。从"翻开历史"这一案例来看，如果有超过两年的准备时间，该项目可能会对其特别展览提供更多有贡献的研究。此外，如果项目提案具有可行性，团队可能需要考虑如何在未来几年吸纳更多的资金。最后，团队还应该考虑对志愿者们的期待及志愿者们的长期规划，包括该项目结束之后是否有其他项目可供这些志愿者参与。简而言之，找到你的观众需要什么，从小处开始，逐步扩大规模，并为未来做好准备。

（卜凡译，王思怡校）

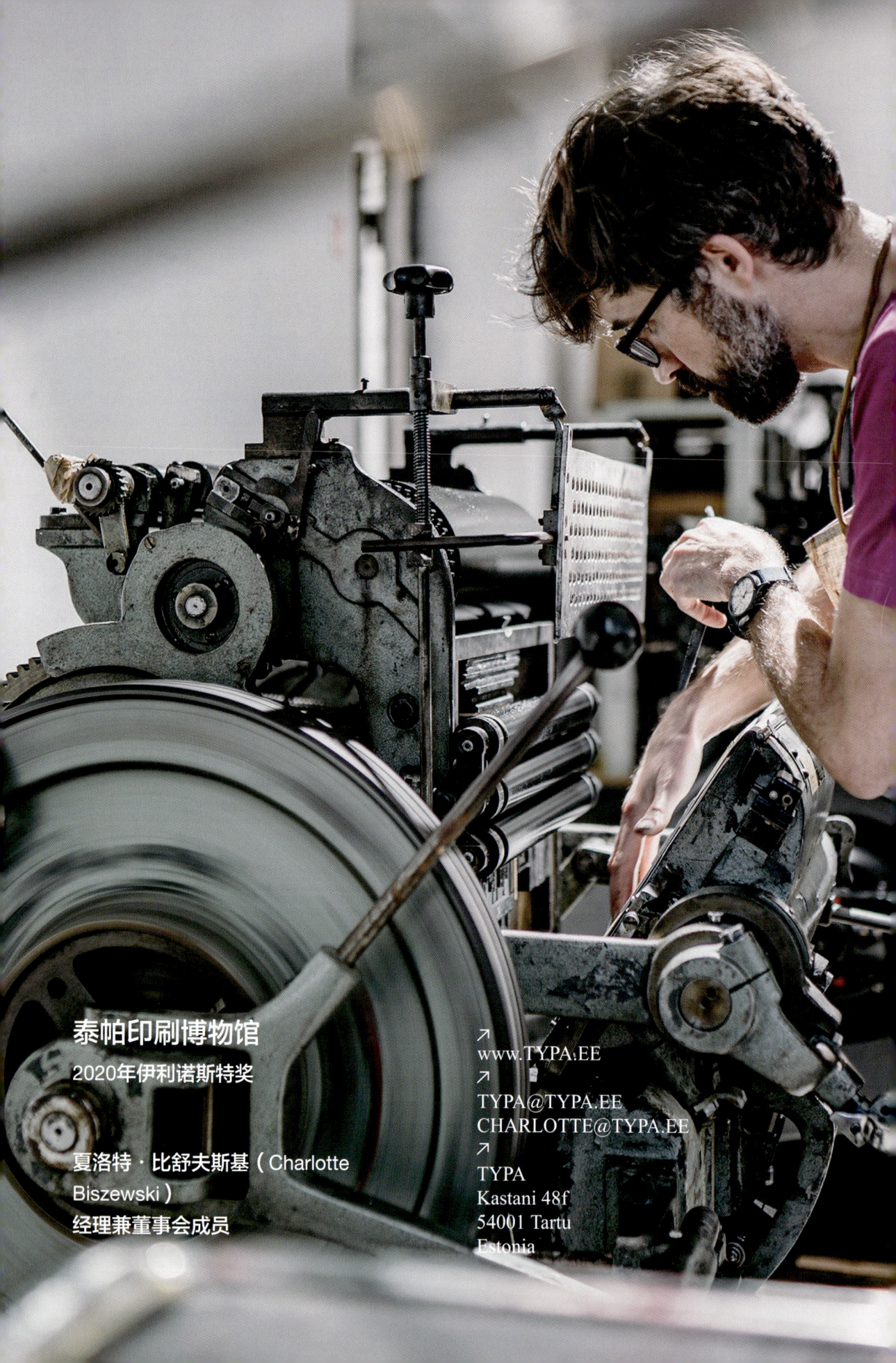

泰帕印刷博物馆

2020年伊利诺斯特奖

夏洛特·比舒夫斯基（Charlotte Biszewski）

经理兼董事会成员

↗
www.TYPA.EE

↗
TYPA@TYPA.EE
CHARLOTTE@TYPA.EE

↗
TYPA
Kastani 48f
54001 Tartu
Estonia

一个印刷博物馆的核心创新

泰帕印刷博物馆（TYPA）是一家私人博物馆，起源于波利默文化之家的独特艺术空间，致力于保存与印刷、纸张和书籍相关的设备和技能遗产。自十年前作为爱沙尼亚印刷和纸张博物馆成立以来，它已成为波罗的海和芬兰地区唯一一家运营中的以纸张和印刷为主题的博物馆。

TYPA拥有一系列令人印象深刻的印刷设备藏品，这些设备不仅用于展示，而且每天都被用于生产。它不仅是观众可以亲身体验凸版印刷机器的博物馆，还是一个保存并展示印刷工艺技术的知识中心。TYPA通过教育计划、研讨会、艺术驻地、志愿者和实习生计划、出版业务等活动，将这些元素带入大众生活。

TYPA成立于2010年，由莱米特·卡普林斯基（Lemmit Kaplinski）和马迪斯·米科尔（Madis Mikkor）共同创立，他们的目标一致：拯救这些注定会成为废铁的独特凸版印刷设备。凸版印刷是500多年来信息交流的主要形式之一，直到计算机革命之前，它的大部分技术都保持不变。时移世易，印刷厂不得不彻底改变他们的经营方式，这些机器要么被迅速卖掉，要么被锁在地下室和花园棚子里，最后被博物馆抢救出来。如果TYPA不收藏这些闲置机器，铁锈和灰尘将迅速侵蚀，使它们最终沦为一堆废铁。

这一理念与许多印刷行业的从业者不谋而合：无论男女，都要做八年学徒，目的是保护爱沙尼亚、波罗的海国家和芬兰所特有的物品。博物馆的这些纸制品来源于安妮·鲁达诺夫斯基（Anne Rudanovski），她想在城市中为艺术家和学生创造一个亲身探索纸艺术的空间。因此，原本独立的两个博物馆，由于机缘巧合搬入了同一座建筑，自然而然地开始合作。

博物馆内的大部分机器来自爱沙尼亚或塔尔图的格雷夫（Greif）印刷厂、塔林的Uhiselu和Rigi Teataja出版社。在大部分情况下，这些设备的资料都缺失了，相关公司也已关闭。将这些印刷机拼凑组合起来并恢复运行，是TYPA团队不断追求的目标。其中大部分设备都是在德国莱比锡生产的，比如维多利亚圆柱印刷机（馆藏中最大的一台）和AHZ印前相机，它们都来自VEB Reprografiks公司。藏品中最古老的印刷机是德国茨威布里根的丁格尔（Dingler）机械厂于1840—1860年间生产的丁格尔印刷机。

同样有趣的还有N-14，这是一种苏联版的莱诺铸排机，也是TYPA令人印象最深刻的机器之一，最近它服务于印刷新版的安托万·德·圣埃克苏佩里（Antoine de Saint-Exupéry）的《小王子》。TYPA相信印刷技术和纸张只有在实践中才能得到充分保存，并且TYPA也在寻求通过实践来探索文化遗产的方法。一旦踏入建筑内部，展览会引导每位观众进行个性化探索，他们可以

亲手制作自己的纸张，也可以亲手操作类似古登堡风格的纸张印刷机。

TYPA采用了一种开创性的方法来解释博物馆，并试图阐释"活态博物馆"（Working Museum）的定义，即保存机械的最佳方法是让它一直运转，而非让机器在储藏室或档案室里积尘生锈。这一创新理念意味着展出的每一件设备都保持着运转中的状态，使其充分展现制作书籍的历史过程。团队在日常出版工作中使用这些设备，让观众有机会近距离参观这些正在工作中的机器。该博物馆的定位介于工作室和历史档案馆之间。通过与博士生的合作，并借助年轻国际艺术家的影响力，博物馆重点展现印刷和造纸行业的历史元素，但展览中也呈现新的印刷方法。通过与塔尔图的学生和其他艺术工作室的国际驻地合作，博物馆能够让艺术家接触到以往和当代的版画实践。

TYPA的成功建立在其员工的个人努力之上，这些人狂热、坚定又古怪，足以让一个濒死的行业活下去。这是一个小团队，平均年龄几乎是一般博物馆工作人员平均年龄的一半，他们虽然年轻但技术高超。该团队由装订工、出版社工作人员、演员、设计师、管理人员和历史学家组成；无论在机构还是旅游过程中，他们都将自己的知识和经验最大化运用。作为一家私人博物馆，该机构只能通过观众参观博物馆、销售门票、出售可循环再利用的笔记本和获取文化基金来获取收入。这就产生了一定程度的不确定性，使博物馆难以维持生计。然而，该团队总是能够渡过难关，即使在过去一年疫情的影响下，他们也从未停止工作，寻求建立数字连接或开发巡回展览，这将TYPA的魔力带到了博物馆之外。TYPA已经经历了三次搬迁，每次都需要移动成吨重的铸铁机械和铅字，所以现在的员工都是"举重专家"。

在这个充满不确定性的时代，世界范围内的信息传播充满了混乱，互联网给世界带来了更为民主的沟通方式，但也被乌合之众的噪声破坏。也正是在这样的时刻，回顾过去有助于理解未来。从古登堡和印刷书籍的历史中，我们看到了类似的有关虚假新闻和大众传播问题的故事。作

为这段历史的守护者，我们有责任不让这门技术被遗忘。尽管存在许多问题和挑战，TYPA仍在不断发展和成长，朝着专业和明确的发展方向迈进。在即将到来的一年里，我们博物馆的目标是与艺术家、印刷从业者和其他机构接触，创造更多有意义的合作。我们将保持教育产出的同时，探索印刷的边界，寻求新的跨学科方法。2024年，塔尔图将主办欧洲文化之都活动，TYPA希望成为宣扬这座城市文化、艺术和遗产环境的关键角色，积极开创这座城市充满活力的未来。

（龚雪旦译，宋汉泽校）

拉里萨历史博物馆："人创""人""
2020年最佳故事视频奖和博物馆短片奖

乔治·托菲斯（Georgios Toufexis）
拉里萨文物监察官
拉里萨历史博物馆史前及传统文物及博物馆
部门负责人

http://dml.culture.gr/index.php/en/

gtoufexis@culture.gr

Diachronic Museum of Larissa
Mezourlo, 415 00 Larissa
Greece

透过新石器时代的眼眸

拉里萨历史博物馆制作了短片《雕像·显微摄影世界·色萨利和马其顿》（Figurine. A world in micrography. Thessaly and Macedonia），并将其在该馆和塞萨洛尼基考古博物馆共同举办的同名展览中播放。该短片的主要目的是帮助观众更好地理解一组新石器时期雕像的意义。短片讲述了博物馆在希腊中部色萨利地区进行一个新石器时期聚落遗址发掘时的一项重要发现——一个泥制房屋模型，模型内有九个泥制雕像，代表新石器时期一个家庭的九名成员。根据详细的考古学分析，公元前5500年左右，某座房屋被烧毁后，这件房屋模型被仪式性地放置于废墟之上。

这一短片力图从思想、情感、动机三个方面，讲述这一聚落的先民制作泥制房屋模型并仪式性地将其置于废墟之上的原因。影像和声音都经过精心设计，以符合新石器时期的自然、家庭和社会环境。尽管片长很短，但娓娓道来的叙事节奏让观众的情感逐步升华，片中对环境的处理也引发了人们对当代人与自然关系的关注。

（张书良译，宋汉泽校）

城市档案馆 | 纽约市博物馆
2020年博物馆数字活动奖

本 · 史密斯（Ben Smyth）
城市档案馆馆长

↗
www.urbanarchive.nyc
www.urbanarchive.org
↗
ben@urbanarchive.nyc
↗
Urban Archive
123 Bowery, Floor 4
New York, NY 10002
United States

将历史带到纽约街头

档案照片本身就有重要意义，但是当人们以数字方式去访问时，有时会与它们所代表的人和地方脱节。我们在城市档案馆的目标就是通过合作和定位技术帮助架起档案世界和现实之间沟通的桥梁。我们的方法主要是在具有文化意义的地方对历史记录做语境化处理，将现实位置与历史记录联系起来。

如果你长期关注城市档案馆，可能会了解这就是我们的核心工作。但如果没有高质量的档案照片和愿意处理这些材料的博物馆或图书馆，我们的工作就不可能完成。这也是纽约市博物馆（Museum of the City of New York）参与这一活动的意义，它是我们的创始合作伙伴之一，为"纽约历史"的数字地图贡献了30000多张图片。多年来，我们的组织在多种项目上开展了合作，这些项目"公开"了博物馆的档案，并为我们提供了看待生活和工作环境的新视角。

在这些想法的基础上，我们与"连接纽约"（LinkNYC）一起发起"纽约历史"活动。"连接纽约"是遍布该市五个行政区的数字信息亭。我们共同开发了一种方法，可以对纽约市博物馆的档案进行地理定位，并将其从城市档案馆中提取出来，而后将它们展示到"连接纽约"的数字信息亭上。例如，纽约下东区的人们可以在步行经过果园街（Orchard Street）的信息亭终端时，看到几英尺外的地方19世纪移民、街头小贩开店的照片。

我们与"连接纽约"和纽约市博物馆的合作是一个很好的案例，证明了当先进、开放的城市数据和历史相结合时可以做些有意义的事情。"连接纽约"集中展示了纽约市博物馆在相关地点的数字藏品，同时也鼓励人们去探索城市的历史。

（周辰雨译，宋汉泽校）

爱沙尼亚海事博物馆基金会：
"胖玛格丽特"塔常设展览"关于海洋
的壮丽故事"的数字与视听解决方案

2020年动态文化遗产最佳成就奖

乌尔马斯·德雷森（Urmas Dresen）
爱沙尼亚海事博物馆馆长

https://meremuuseum.ee/

info@meremuuseum.ee

Estonian Maritime Museum
Vesilennuki 1, Tallinn 10415
Estonia

重构爱沙尼亚的航海故事

2018—2019年，爱沙尼亚海事博物馆对有40年历史的老馆舍进行了翻新，该馆位于世界遗产塔林老城区的中世纪加农炮塔——"胖玛格丽特"（Fat Margaret）中。

更新和策划最新常设展览的契机始于2015年，当时人们在塔林的一个建筑工地上意外发现了一艘中世纪沉船，而保存这种独特的"柯克"（cog）型船的残骸需要具备极强的专业知识。我们极具创意地选择在一个带有侧翼空间的加农炮塔中讲述造船只、贸易和水手们在帆船、蒸汽船及汽船时代的生活故事，目标是将现代技术与传统的博物馆方法进行结合。

最终，我们获得了30多套数字解决方案，它们性质各异——有些使用大量实时数据，有些强调亲身参与和体验，还有一些则基于大量的历史研究。例如，大屏幕可以展示柯克船的尺寸。有些解决方案有助于将爱沙尼亚历史上的事件与同时期的其他地区联系起来；还有一些对于无障碍参观必不可少。

"动态文化遗产奖"的评审团认为，我们的方法大胆、多方面、动态地将各种技术结合起来，对观众而言富有吸引力、充满惊喜。事实上，带给观众惊喜正是我们的目标，我们将再接再厉，并鼓励其他博物馆也这样做。

（张书良译，宋汉泽校）

第二部分
遗产工具：对话现实与包容实践

包容与社会融入：
遗产作为文化工具的当下实践

潘守永

本部分选择全球18个优秀实践案例，分别来自芬兰、英国、加拿大、丹麦、罗马尼亚、美国、瑞士、日本、奥地利、土耳其、澳大利亚，以及1个跨越欧洲12家博物馆机构的跨国项目等。这些案例充分阐释了遗产作为文化工具的意义、当代价值和可能性，呈现了博物馆（以及遗产机构）在21世纪的创新性和创造性。

这些案例各有所长，因地（馆）制宜，虽然所有案例都包含了"博物馆大教育"这样的主题，但细致分析，大致可以分为三个主题：

更好融入和服务本地（本社区）

萨塔昆塔博物馆以"致力于分享有关文化遗产的信息和经验"为目标，2019年提供了100多种不同的活动"为当地服务"，令人印象深刻。利兹博物馆和美术馆组织开发了基于地方的教学方法，可以教授任何科目和年龄段学生的"利兹课程"，为利兹的小学教师提供所需的教学资源，该课程基于博物馆藏品，涵盖地理、年代和多样性知识，既关联过去又突出当代问题，从而构成了过去与现代之间的桥梁。

更具包容性的实践

罗马尼亚阿斯塔国家博物馆的"少数民族之路"活动提高了对民族多样性的文化意识，并促进更广泛的公众群体（特别是年轻人）接触多民族遗产收藏；奥地利历史之家注重倾听基层民众的声音；丹麦哥本哈根工人博物馆的"为灵巧的双手发声"展览与职业学校和专业人士建立联系，并对工人们进行职业教育；等等。这些展览与活动均说明了博物馆是多元文化价值的引领者。从2016年到2019年，12家欧洲文化机构共同开发的ARCHES技术工具，使艺术表达和体验更加无障碍。

疗愈社会

英国惠特沃斯美术馆"仍为父母"项目，为失去孩子的家庭提供支持。英国国家儿童图书中心是一座家庭博物馆，利用以童书为基础的活动改善儿童和青年人的生活质量。日本昭和日常博物馆关注老年观众，用"怀旧法"护理并预防老年痴呆症，并为老年人提供终身学习的机会。这些案例凸显了参观和使用博物馆成为改善情绪的"社会处方"。

萨塔昆塔博物馆
2019年芬兰年度博物馆

莉娜·科伊维斯托（Leena Koivisto）
萨塔昆塔博物馆馆长

www.ori.fi/kulttuuri/museot

satakunnanmuseo@pori.fi

Satakunta Museum Hallituskatu 11
28100 Pori
Finland

为当地服务

2018年5月，来自萨塔昆塔博物馆的三位馆长参加了芬兰博物馆界一年一度的重要会议——博物馆盛会（the Museum Gala）。当他们看到获奖的博物馆在庆祝时，暗自下决心，他们将会是明年站在聚光灯下的博物馆，为此确立了"成为芬兰下一个年度博物馆"的目标。不过，由于萨塔昆塔博物馆只是一个资金受限的中等规模传统博物馆，当时也没有项目资金给予资助，很多人不相信这个目标能够实现。但是，奇迹有时真的会出现！当然，萨塔昆塔博物馆并不仅仅因为这一年的努力才获得这个奖项，他们所做的远超于此。但他们的这次决定告诉我们，有时候就是需要设定难以抵达的终点才能够成功实现目标。

萨塔昆塔博物馆是一个位于芬兰西南部城市波里市萨塔昆塔地区的地方博物馆。该馆建于1888年，是芬兰历史最悠久的博物馆之一。萨塔昆塔区也是芬兰历史悠久的地区之一，拥有包括两处世界遗产在内的丰富的史前历史遗址和其他大量历史遗址与文化环境。该区约有22.4万人口，然而不幸的是，这个数字近年并未增长，反而在减少——就像芬兰的许多其他地区一样，许多居民为了获得更好的工作机会，都在搬往赫尔辛基郊区。萨塔昆塔博物馆由波里市维护运营，不过国家也提供了法定的政府援助。在芬兰博物馆界，萨塔昆塔博物馆被视为是一个拥有25名正式员工的中等规模博物馆。

萨塔昆塔博物馆由四所不同的馆构成。文化历史博物馆（The Cultural Historical Museum）暨萨塔昆塔博物馆（Satakunnan Museo）拥有博物馆主要的基本陈列展览和大量的藏品与档案，方舟自然中心（The Ark Nature Center）介绍萨塔昆塔地区独特的海岸自然地貌，罗斯卢博物馆（Rosenlew Museum）展示并研究萨塔昆塔地区的工业遗产，而Toivo建筑和保护中心（Building and Preservation Center Toivo）则解答观众有关旧建筑的翻新和修复问题，并让观众体验生活在20世纪50年代波里市木制城市中的感觉。此外，萨塔昆塔博物馆承担着地区责任，即作为专业和权威机构去保护萨塔昆塔地区的当地文化环境及相关事务。萨塔昆塔博物馆还主导、支持并发展该地区的地方博物馆和遗产工作，构成萨塔昆塔整体博物馆的这四个馆共同为整个地区提供全面的博物馆服务。

2018年5月，萨塔昆塔博物馆被评为2019年芬兰年度博物馆。评委会在颁奖词中特别提到了该馆于20世纪80年代以来所做的杰出且长期性地区工作。萨塔昆塔博物馆是公认的社会行动者，以专业和坚决的态度，致力于实现社区的共同目标。其社交技能和与社区的紧密联系同样受到赞扬。最后且十分重要的是，评委会认为，Toivo建筑和保护中心为翻新和保护旧木屋项目提供的建议和咨询工作具有独特价值，值得称赞。

虽有正式员工数量的限制，萨塔昆塔博物馆举办的活动仍数量众多且灵活多样。博物馆利用活跃的网络以及与许多不同领域的专家、合作伙伴的密切合作，使得多样化的博物馆服务成为可能。此外，博物馆的好奇心和对新视角的不断探索仍在继续。不过，博物馆最宝贵的资源是受过良好教育、灵活且积极性高的人员，即博物馆工作人员。

在过去的几年里，萨塔昆塔博物馆组织的项目和活动数量大幅增长。馆方活动的目标始终是教育：我们致力于分享有关文化遗产的信息和经验。在2019年，萨塔昆塔博物馆就提供了100多种不同的活动，其中包括讲座和研讨会，这些讲座和研讨会的主题通常会与萨塔昆塔博物馆的当时的一些临时展览相关。还有一些年度活动，已经成为许多观众的一项传统，比如每年12月的工艺美术圣诞集市，或者为儿童举办的夏令营和假期工作坊。城市漫步活动非常受欢迎，它们有不同的主题，比如寻访城市公园的历史或城镇里战争的痕迹，这些步行导引既面向游客，当地居民也可参加。在万圣节前后，博物馆还有导引人们步行穿过古墓的活动。这些打着灯笼参加的活动通常会以馆长提供的一杯热饮作为结束，因此十分受欢迎，经常被预订一空。萨塔昆塔博物馆同样还是一个学习空间，博物馆持续与学校进行密切合作，在规划临时展览时也会考虑学校的需求。博物馆为教师提供所需的学习材料，还为高中生组织课程。例如"暗影时代"就是一门向学生介绍第二次世界大战期间波里市前线战时生活的课程。

萨塔昆塔博物馆的成功背后有一个重要因素，就是与社区密切联系。2014年，萨塔昆塔博物馆的博物馆之友协会成立。博物馆之友的数量增长非常快，到现在共有400多名博物馆之友和志愿者。博物馆之友不仅仅热衷参观博物馆，很多人还很想参与博物馆的各种其他事务中。当博物馆需要将大量捐赠的照片数字化、为儿童工作坊寻找额外的管理人员，或者只是在户外活动中卖咖啡和热狗时，都会有博物馆之友伸出援手。

去年，我们为萨塔昆塔博物馆获得提名而庆祝。我们做了很多正确的事情，并取得了好结果。不过，可以明确地看到还有很多事情需要做，因此，我们也制定了新的目标。我们希望接触到更多的人——所有博物馆的游客数量都可以进一步提升。我们还需要找到新的方式去吸引更广泛的观众群体，例如年轻人群体。未来，还有一系列全新的挑战正在等着我们：波里市正计划建立一个新的文化中心——"波里之宝"（The Treasure of Pori）。新文化中心的主要目标之一就是提供一种全新的博物馆体验。"波里之宝"将包括现已建和正在扩建的萨塔昆塔博物馆、波里艺术博物馆中新建的藏品设施部分、波里儿童文化中心以及其他文化活动空间。新中心的一个重要工作就是将要开放博物馆的藏品空间，让公众能够看到藏品展出的幕后，并接触那些长久隐藏于库房的藏品。而且该文化中心还会有一个信息中心，使博物馆所有的信息资源更便于观众访问。

综上所述，芬兰2019年度博物馆的殊荣属于萨塔昆塔博物馆，这是一座历史悠久、活动丰富、与周边社区和当地区域有着密切联系的文化历史博物馆。

在优秀的藏品、拥有良好教育背景的工作人员和时刻保持好奇心的基础上开展传统的博物馆工作是我们的优势。我们已经为未来的挑战做好了准备，我们渴望尝试新的可能性和技术解决方案，但也乐于发扬老式的博物馆工作传统。

（周辰雨译，宋汉泽校）

利兹博物馆和美术馆：利兹课程
2019年博物馆和遗产教育创新奖

凯特·费洛斯（Kate Fellows）
利兹博物馆和美术馆学习和参观主管

www.museumsandgalleries.leeds.gov.uk
www.mylearning.org/collections/leeds-curriculum

kate.fellows@leeds.gov.uk

Leeds Museums & Galleries
Leeds Discovery Centre
Carlisle Road
Leeds. Ls10 1lb
United Kingdom

利兹课程：为我们的孩子打造强大的艺术教育

每个人都喜欢听故事。你准备好了吗？那我就开始讲故事了……

从前，在英格兰约克郡，有一座叫利兹的城市，那里发生了许多神奇的事情。史前时期河马曾在现在的住宅区漫游，一头大象卡在一个小巷子里——它是怎么出来的呢？在利兹，聪明的人们建造了一个充满活力的城市，并向世界敞开大门。利兹制作了像"大富翁"（Monopoly）一样的桌面游戏，里面装满了帮助第二次世界大战中战俘逃脱的工具。利兹迎接来自世界各地、不同年龄段的人们。在利兹举办的狂欢节是加勒比海以外最大的西印度群岛狂欢节之一。这些只是我们在开发利兹课程的过程中发现的一部分故事。

我们在英格兰利兹的教育和博物馆背景

小学教育面向5—11岁的学生，政府对小学生在全国课程中所学的科目进行指导。在此基础上，学校可以自由选择教学课题和教学方式。利兹是英格兰北部的一座大型城市，大约有79万人口。利兹博物馆和美术馆（Leeds Museums and Galleries，简称LMG）是英格兰最大的由地方政府管理的博物馆服务机构，拥有约130万件藏品，并管理着利兹市内的9个博物馆和美术馆，包括市民博物馆（civic museums）、历史建筑、工业厂房、一座被毁的中世纪修道院、开放的博物馆商店和艺术画廊。利兹是一座充满活力的文化城市，拥有约100个大中型的艺术、文化和遗产组织。

什么是利兹课程？

LMG领导了一个由50多个艺术、文化和社区组织，以及30多所小学组成的全市联盟，共同创造了利兹课程。该课程为小学教师提供所需的教学资源，通过基于地方的教学方法，他们可以教授任何科目和年龄段的学生。利兹课程关注行为研究问题，即"我们希望我们的孩子在小学毕业前了解哪些关于利兹的故事？"利兹课程历时两年开发，并于2018年6月正式推出，可以通过MyLearning.org网站进行免费访问，此网站提供免费的国家教学资源，由利兹博物馆和美术馆管理。课程可以在以下网址进行查询：mylearning.org/collections/leeds-curriculum。

每个故事都包含一个"引子故事"（hook story），介绍这座城市有趣和奇妙的事情。其中许多故事都基于LMG的藏品，这些故事涵盖地理、年代和多样性知识，既与过去有关，也突出了当代问题。它们是与社区共同制作的，包含图片、影像、口述历史、档案、可访问的博物馆藏品及来自利兹各艺术和文化提供者的资源。教师们反映，他们不想要课程计划，而是倾向于建议性、跨学科的艺术活动和体验，并希望这些活动与课程进度相关，同时与提供信息、举办研讨会

学生在柯克斯特尔修道院（Kirkstall Abbey）使用利兹课程学习数学

和提供资源的各个组织密切相连。

为什么利兹选择了基于地方的教育方法？

基于地方的课程是关于一个地方、为一个地方、由一个地方设计的。它旨在通过"给他们根基，让他们飞翔"（先民谚语：giving them roots to give them wings）来增强学习体验。研究表明，通过基于地方的学习，儿童能够更好地融入他们所在的城市，有效地帮助其面对当地的挑战，从而提升其在各方面的成就水平，这是因为儿童通过基于地方的学习能够发展出更强的社区意识。研究还显示，小学阶段就参与艺术和文化活动的儿童，获得大学学位的可能性是其他儿童的三倍，并更有可能成为积极的公民，参与民主投票，在晚年享有更好的心理和健康的身体。通过结合该城市的研究和专业知识，我们的目标是提高利兹17万名学龄儿童的教育表现。

目前，仅有56%的8—11岁儿童达到政府要求的教育标准，这低于61%的全国平均水平。儿童实际达到与期望标准之间的差距被称为"表现差距"（attainment gap）。表现差距在有特殊教育需求的儿童和残疾儿童、福利院儿童及贫困儿童身上尤为明显。利兹课程虽然不是解决这些问题的灵丹妙药，但我们可以通过将文化课程纳入利兹全部232所小学的教学体系中，进而建立对于预期的高期望值，尤其是通过提高学生的兴趣与成就感，增加出勤率，以此提升学校教学效率。斯威林顿小学（Swillington）小学的校长萨莉·艾略特（Sallie Elliot）表示："每个孩子和年轻人都应该有接受高质量的艺术和文化教育的机会，并享受其带来的所有益处。作为一名校长，我认为利兹课程是一个非常棒的想法，将使我们的学生受益多年。"

我们是如何做到的？

自2016年起，我们直接咨询了学校、学院信托基金会、教学联盟，以及提供教学培训的多所大学和艺术文化组织。2017年初，我们先试行了一则故事，并在同年秋季组织了故事收集研讨会。同时，通过开展战略对话与倡导活动，我们与学校、地方政府以及艺术组织等单位进行合作，以促进人们购买产品。为了提高项目的可操

教师和文化组织在发布会上讨论该课程，2018年6月

作性以及确保课程的一致性，我们还招聘了一名自由项目开发者。在2018年的整个项目过程中，我们与教师和学生密切合作，筛选故事，并从国家课程目标的角度审视各个故事，同时也给出了时间、地区和多样性等方面的指导。我们于2018年6月14日在利兹博物馆发布了课程。

这需要多少费用？

在这个项目的开发过程中，工作人员花费了大量的时间去建立关系和信任，以及收集资源，这些没有被计入成本。以上努力进一步加强了我们在文化交流中的伙伴关系，促进了正面的艺术态度的培育，并且巩固了利兹博物馆和美术馆在提供强大和可持续服务方面的定位。唯一得到资助的是自由项目开发者（两年内约2万英镑）和发布活动，均来自英格兰艺术理事会（Arts Council England）。

利兹课程的规模和范围是什么？

我们想要覆盖城市内所有5—11岁的儿童，大约有55000名。这是一个艰巨的任务，但也是一个好的愿望！在开发过程中，我们收集了超过300个故事和问题，与来自40个组织的超过80位艺术专业人士和社区成员，以及210名一至六年级的儿童和30所学校的80名教师一起工作。超过100名教师和文化专业人士参加了启动活动。我们了解到，目前利兹市内一半的小学（约100所）在使用该课程，迄今为止已经覆盖了约10000名儿童。在MyLearning.org中，利兹课程的访问时间增加了44%，LMG和合作伙伴机构也注意到了与利兹课程有关的故事线的吸引力增强。课程将随着时间的推移而不断增长，但我们需要5至10年的时间才能真正看到它的影响。

为什么我们赢得了2019年博物馆和遗产教育创新奖？

我们试图改变一座城市和其中所有孩子的表现。据我们所知，这是目前英格兰唯一的大规模、跨艺术形式、基于地方的课程。

（王秋逸译，宋汉泽校）

加拿大蒙特利尔当代艺术博物馆：
万物皆有裂痕

加拿大博物馆协会艺术展览奖

↗
www.macm.org
↗
info@macm.org
↗

Musée D'art Contemporain De Montréal
185 Saint-Catherine St W
Montreal, Quebec H2x 3x5
Canada

约翰·扎佩泰利（John Zeppetelli）
加拿大蒙特利尔当代艺术博物馆馆长及首席策展人

万物皆有裂痕：纪念伟大的艺术成就和鼓舞人心的生活

蒙特利尔当代艺术博物馆是加拿大首屈一指的当代艺术博物馆，其宗旨既具有前瞻性，又脚踏实地：成为一个充满活力的对话场所，连接本地、国际艺术家与多样化、数量日渐增长的观众，展示、制作、收藏和推广当代艺术，为观众提供信息、启发和充满挑战的教育项目。在此背景下，博物馆组织的一个独特的艺术项目——"伦纳德·科恩：万物皆有裂痕"（Leonard Cohen: A Crack in Everything）大获成功。这是伟大的词曲作家——伦纳德·科恩作品的首次大型展览。

作为世界知名的小说家、诗人、歌手和词曲作家，科恩影响了几代作家、音乐家和艺术家。几十年来，科恩不断探索人类灵魂的深度，他以同样的庄重和优雅，梳理出一种有着惊人创造力的独特语言。他的作品将神圣与世俗、秘而不宣与平易近人交织在一起，深深地烙在人们的记忆中。

考虑到科恩对于隐私的异常重视与保护，博物馆在联系科恩时也曾担心，他是否会反对博物馆为他举办一个大型的展览，以及当视觉艺术家、电影制作人、演员和音乐家重新审视他的文字、歌曲和传记，从他的爱与欲望、失去与救赎的主题中汲取灵感，并为它们注入新的活力时，他将如何回应。此次展览探索并体现了科恩的重要成就如何影响和激励艺术家，以及它如何展开文化对话并渗入全体人民的骨髓之中。

令人庆幸的是，科恩同意了博物馆的想法，但也提出了其他要求：第一，他不会出席展览的开幕式；第二，他不会影响策展人的工作；第三，博物馆不得要求他抽出时间或直接参与这个项目。

博物馆并没有直接联系到科恩，但在联系科恩的经纪人罗伯特·科里时得知，其实科恩对博物馆对他的关注感到惊讶和感动，但他完全沉浸在自己的创作之中。在策展工作进行了大约两年后，82岁的科恩在去世前几天发行了由他儿子亚当制作的一张伟大的录音室专辑，这也是他的第14张录音室专辑，

"成千上万支祷告的蜡烛仍未祈来你的援手，你渴望世界更加黑暗，我们也会服从地扼杀心中的欲望。"科恩在《你渴望世界更加黑暗》中阴郁地唱道，这首歌似乎以诗意的愤慨和厌恶的力量宣告了对他所移居的国家的嘲弄。就在2016年美国大选的前一天，科恩在洛杉矶去世。几天后，他被放在一个简朴的松木棺材中秘密下葬。我们的展览一开始是一种狂热的庆祝和充满爱意的致敬，后来却演变成一首弥漫着悲哀的挽歌。

展览在科恩去世一年后开幕，是对他伟大的艺术成就和鼓舞人心的生活的纪念。2017年7月

乔治·霍克《穿越》（2017）理查德·马克斯·特雷姆布尔（Richard-Max Tremblay）摄

11日当晚，珍妮·霍尔泽（Jenny Holzer）为纪念科恩展开了一场盛大而安静的公众艺术展览。霍尔泽在蒙特利尔老港一个具有标志性的巨大混凝土粮仓上再现了一首凄美但乐观的安魂曲，科恩的歌词和诗歌在投影中缓慢且无声地滚动。

所有受邀参展的艺术家通过提供各种概念性回应和其他思考方式，从不同的视角解读科恩的艺术和生活，在这些艺术家改编和阐释科恩的作品时，也在对科恩的钦佩、作品的修正、科恩的声誉和持久的相关性之间做着心理斗争。虽然博物馆精心挑选了一些物品、照片，以及展出科恩的奥利维蒂利特拉22型打字机，但对科恩的纪念物或与他生活相关的物品不加批判的崇拜和展示并不是此次展览的主要目的。博物馆更想看到是否可以通过其他在世艺术家无畏的回应来评估和纪念科恩那大胆而独一无二的遗产——我们一直希望科恩会觉得这场对话是令人感动的。

展览结合视觉艺术、虚拟现实、装置设备和表演，旨在为观众提供科恩伟大的作品让人身临其境和引人入胜的体验。展览汇集了超过15件特别定制的艺术品，经过三年多的组织策划，开展后吸引了来自世界各地的30多万观众，创下了博物馆观众参观量的记录。

该项目的创意不仅体现在博物馆展出作品的数量和多样性、展览阐释、空间分布以及相关项目和活动上，更在于项目的本质。艺术作品的复杂性和艺术家从蒙特利尔当代艺术博物馆获得的支持也反映了压倒一切的主动精神。艺术咨询委员会充分利用内部资源和员工的专业知识，包括为展览特别设计的两个多媒体装置的灯光设计和视频编辑。

坎迪斯·布雷茨《我是你的男人（伦纳德·科恩肖像）》（2017）盖·赫勒（Guy L'Heureux）摄

在此次展览中，博物馆凸显了合作上的优势。博物馆与包括加拿大广播公司和加拿大国家电影局等超过25个机构都建立了合作伙伴关系，这两家机构都向艺术家提供了他们的档案。

"伦纳德·科恩：万物皆有裂痕"展览增强了博物馆和合作伙伴以及蒙特利尔社区的联系，同时提高了人们对科恩作品的认识和文化认同。在开展的五个多月中，该展览激励了当地居民和世界各地的游客，让观众们很高兴能与这位深受爱戴的艺术家重新建立联系。2019年起，博物馆计划在世界各地开展巡展，保持这位加拿大人伟大成就的曝光度。

最后，我不会隐瞒这个美妙项目的形成过程，因为一切都有助于其发展：我们一是有幸接触到科恩和他的工作人员，并与他们建立了联系；二是通过展览环境形成了展览思路。这个项目无疑是一个巨大的挑战，但对于每个参与创造和建构的人来说却是一个杰作，无论是在事业还是个人方面，这个展览都非常值得去做。虽然我们投入了大量的时间、精力、人力、物力和财力，但当我们看到观众们首次走进展厅，在体验我们为他们呈现的艺术品并被潮水般的感情淹没时，我们也收获了同样的满足感，这项尝试让我们不走寻常路，从不同的角度揭示这位伟大艺术家的作品。项目成功的秘诀在于：坚持不懈，相信你的灵感，和合适的人共事，并相信团队的能力和力量。

（丁晗雪译，王思怡校）

工人博物馆

2019年欧洲博物馆学院DASA奖

瑟伦·巴克-耶森（Soren Bak-Jensen）
工人博物馆馆长

www.arbejdermuseet.dk

info@arbejdermuseet.dk

Workers Museum
Romersgade 22
Dk-1362 Copenhagen
Denmark

为灵巧的双手发声

2019年12月的一个清晨,哥本哈根工人博物馆的一位策展人接到了一通来电,电话来自一位叫大卫的人,我们在博物馆中称他为"砌砖工大卫"。大卫说:"你们知道我正在附近参加示威活动吗?"这场示威活动是为了要求丹麦建筑工地提供更好的工作条件。大卫希望我们来记录正在发生的事情。对于工人博物馆来说,这是一通很重要的电话,下面的介绍将说明原因。

我们与大卫在工人博物馆的"灵巧的双手"(Clever Hands)联合展览及教育项目中有过合作,借此机会相识。该项目于2018年夏季开展,预期目标有两点。第一点是为长期以来关于"为什么很少有年轻人选择成为工人或接受职业培训"问题的讨论提供历史视角。掌握技术和参与过职业培训的人才之需是事关国家的重要问题,作为博物馆,我们希望通过与年轻人的对话,为解决这个问题做出贡献。第二点是希望博物馆与受教育程度较低的人群更紧密地联系起来。尽管这个群体占人口比重较大,但他们很少参观博物馆。在文化机构领域,教育背景与博物馆参观普及性的不平等是一个威胁到政府资助博物馆合法性的重要政治问题。"灵巧的双手"旨在帮助工人博物馆解决这两个问题。

该项目与博物馆的办馆宗旨非常契合。工人博物馆成立于1983年,致力于展示丹麦工人阶级的日常生活。博物馆的设立填补了丹麦博物馆业的空白,记录和展示了城市工人阶级的生活和工作条件,并拥有大量相关藏品。此外,博物馆的使命宣言是"通过与历史的接触,推动实现平等公正的社会"。我们的目标是通过将历史材料与当今人们关心的问题明确关联,尤其是劳动力市场、民主参与、知识和教育获取方面的不平衡问题,来鼓励社会参与。因此,"灵巧的双手"也是我们努力实现博物馆目标的一种方式。

所以,从主题领域和项目目标方面来看,该项目是工人博物馆所擅长的类型。然而,挑战在于与我们如何与这个项目所服务和关注的人群建立联系。作为历史学家、民族学家和教育专业人士创建的博物馆,我们如何代表电工、理发师和银匠的日常生活?当他们没有参观博物馆的习惯时,怎样才能让水管工、医疗保健工作者或流水线操作员带上朋友、家人和同事参观展览呢?这是我们作为博物馆面临的新挑战。显然,与目标群体进行对话是唯一可行的推进方式。

因此,"灵巧的双手"通过工人和博物馆员工之间的会议取得了很多进展,会议提出了上述问题,并引出了一些发人深省的答案。一条建议是"尝试隐藏你是一个博物馆的事实",让这个机构呈现出一种新的、不再高高在上的吸引力。此外,即将选择教育方向的年轻人明确提出,举办一个职业教育的招生活动非常重要。他们希望遇到选择职业教育的其他年轻人共同讨论前景。

当项目的总体概念定型后，同样的团队继续参与选择展览主题和案例故事、讨论物品清单、策划活动，以及最重要的、作为项目核心的重塑教育计划的工作中。

工作的成果是一场高度可触碰、非数字化、但又富于互动性的展览，旨在吸引那些喜欢与面前的展品进行身体接触的博物馆观众。对于该展览的目标观众而言，在团体环境中体验展览使他们获得了至关重要的安全感和力量感。这是一场部分内容将定期更换的展览，因为新培养的工匠将展示他们的学徒作品，而导览也将由帮助开发该项目的工人们提供。最重要的是，这个展览成功地与职业教育系统建立了新的联系，并让技术学校的学生接触到博物馆——这是一个很少在博物馆中出现的群体，在他们的未来生活中可能仍然如此。这并不是他们的问题，而是因为博物馆缺乏相关活动。

正是由于缺乏相关活动，"灵巧的双手"成为我们弥补这一缺憾的虚心尝试。我们还需要做出更多的努力，并且从中获取重要的经验教训。其中之一是在试图吸引新受众时，了解"共同创造"的关键重要性。如果没有与接受职业教育的年轻人或从事技术或生产领域的成年人的对话，我们可能会制作出完全不同的展览，它未必更糟糕，但是很可能无法触及我们希望为之创造价值的那些人。

另一个经验教训是如何努力地转变你的受众。"灵巧的双手"从私人基金会获得了很多外部资助。这证明了社会支持博物馆是因为博物馆接触了影响当今的社会议题，并意味着工人博物馆可以在线上与线下推广中推出迄今为止最具雄心的计划。但即使如此，与技术学校和专业人士建立联系以发挥展览和活动计划的实际功能仍需

要大量的努力。职业背景人士和博物馆之间的鸿沟很深，需要时间来弥合。

这就是那个12月早晨砌砖工大卫的呼吁如此重要的原因。显然，他觉得博物馆与他关心的问题息息相关且需要我们的迅速响应。毋庸置疑，策展人抓起她的外套，匆匆赶到示威现场与大卫会面。希望在这场事件和其他类似事件中收集物品和故事——以及建立的联系——将有助于未来以更加民主和平等的方式为博物馆所用。

（张书良译，宋汉泽校）

阿斯塔国家博物馆群
2019年欧洲博物馆学会米切莱蒂奖

奇普里安·斯特凡（Ciprian Stefan）
阿斯特拉博物馆主管

www.muzeulastra.ro
office@muzeulastra.ro

Muzeul Astra
Dura Dummbrava Street，No.16
550399 Subiu
Romania

开放遗产：拥抱遗产的多元价值和多民族价值

博物馆简介

阿斯塔国家博物馆位于罗马尼亚锡比乌郊区，占地100多公顷，是该国最大的民族学露天博物馆，也是欧洲最大的博物馆之一，主要研究和展示整个国家前工业时期的传统农村社区。它汇集了来自全国各地代表传统罗马尼亚文明和少数民族群体的400多座老建筑（房屋、谷仓、农庄、教堂、磨坊、毡坊、锯坊和其他前工业化时期的农村建筑）。阿斯塔国家博物馆致力于提高社区文化生活的项目，并鼓励人们将传统作为日常生活的积极组成部分。

视角的转变

这个露天博物馆成立于20世纪60年代初，是一个民间技术博物馆，聚焦于罗马尼亚农村遗产的技术，拥有丰富且独特的磨坊、榨油机、水果压榨机、锯木厂和农民工业收藏。随着20世纪90年代以来信息传递方式的改变，博物馆收集的工具和设备等藏品逐渐从展示淳朴农民的创造力向展现乡村生活复杂性转变，用房屋、谷仓、酒吧、保龄球馆、秋千、教堂或学校来填补罗马尼亚乡村画面的空白。通过在展品周围创造生活环境，博物馆促使当地农村社区积极参与各种项目和节日活动，以此进一步拓宽参与者视野。

开放遗产项目——准备更好的基础设施

从前的博物馆以收藏和研究为中心，忽视了观众，游客也不是博物馆活动的重点。所以博物馆需要一个转折点来重新联结社区。由欧洲经济区资助（European Economic Area）的开放遗产项目（Open Heritage Project，2014—2017年）是一个真正的里程碑，它彻底改变了外界看待博物馆的视角，不仅在实体上，而且在象征意义上打开了博物馆的大门。开放遗产项目的设立意味着在露天博物馆中首次建立必要的基础设施，以创造和呈现整个罗马尼亚的农村故事，而不仅探究民族起源。

建设基础设施方面的结果可以总结为：博物馆三分之一的藏品拥有了更好的储存条件，近1000件物品展品被首次展出；45名员工得到了更好的工作条件；300多名手工艺人有了新的店铺（民间艺术画廊）来销售他们的产品，可以在全年拥有稳定的收入来源。

开放遗产项目——关注非物质文化遗产

"生命阿斯塔"（Anima ASTRA）是博物馆新的项目成果，它突出了国家的文化多样性，将藏品与来自村庄的真实的人——农民、工匠、歌手、舞者和当地厨师联系起来进行藏品语境化，

让参观者在博物馆的不同角落参与进来，共同为旧藏品赋予新的意义。

每年有70多名工匠参与这一项目的培训，并获得文化动画和互动研讨会的报酬。这不仅是为了复兴，还是为了在当代世界中找到旧技能和知识的新的用武之地，从而使阿斯塔博物馆成为"一个向过去开放并指导未来的博物馆"。

少数民族之路（The Path of ethnic minoritiesis）是探索露天博物馆的一种全新方式，它通过展示在罗马尼亚村庄生活和工作的不同民族的共同特征和相互影响，促进文化表现的多样性和文化间的对话。其中的一些家庭房屋被改造成灵活、适应性强的学习场景，能够再现真实的环境和氛围。60多个具有不同民族背景的社区参与了博物馆的这项活动，在活动中发出了多元化的声音，这项活动成为其名片，并在博物馆以外推动了其他类似的项目。

教育项目

学习是博物馆组织的所有文化活动的核心，学习活动会开发新的方式向公众更好地传达其收藏品，特别是针对儿童和年轻人，将常规参观转变为基于多感官体验的活动，这些活动也是为不同年龄或社会身份的人定制的。

学习多样性（Learning Diversity）是一个新的教育项目，旨在提高对民族多样性的文化意识，并促进更广泛的公众群体（特别是年轻人）接触多民族遗产收藏。这个新项目主要针对有小孩的家庭，使用富有趣味的教育工具和活动，以及日常手势、技能和习惯的相似性等各种方法来揭示文化多样性中所蕴含的美。

在教育研讨会上，与会者参与互动式文化动画（情境），通过博物馆教育者提供的连贯叙述，将多种标志性技艺联系在一起，以强调传统村庄的手工艺和人们之间的联系。

该项目还包括无需辅助的部分——一项寻宝游戏。这个游戏需要领取博物馆入口处的11本免费的主题册来完成，通过阅读短篇故事、寻找线索、解决令人振奋的任务、探索新发现来共度美好时光，以此来吸引所有家庭成员的参与。

将相关性放在首位

为了与当代社区保持相关性，阿斯塔国家博物馆完全改变了展览的策展方式，引入了当代议题，如移民和媚俗（kitsch），展示经济环境的差异、相似性和变化，以及社区如何处理当前的情况。设计灵活且适应性强的展览方式，允许轮换展品并定期创造新的叙事，或举办其他展览、研讨会或会议。博物馆利用其庞大而丰富的藏品来阐释当今的主要议题，包括移民、可持续发展和生物多样性等。

自2014年以来，博物馆的观众数量增加了58%。2019年，有超过63.5万人参观或参加了博物馆组织的文化活动。无论规模大小，博物馆为观众提供了大量的可能性，让他们以自己的节奏、步伐来探索和了解遗产，并根据他们的需求提供设施，提出机会并创造联系。

阿斯塔国家博物馆是一个分享激情和发现高质量体验的地方，在这里人们可以从过去的经验中学习，分享他们对民间艺术的热情，或者学习古老的技能，并找到新的方法以供未来重新使用。

（蒋菁译，胡凯云校）

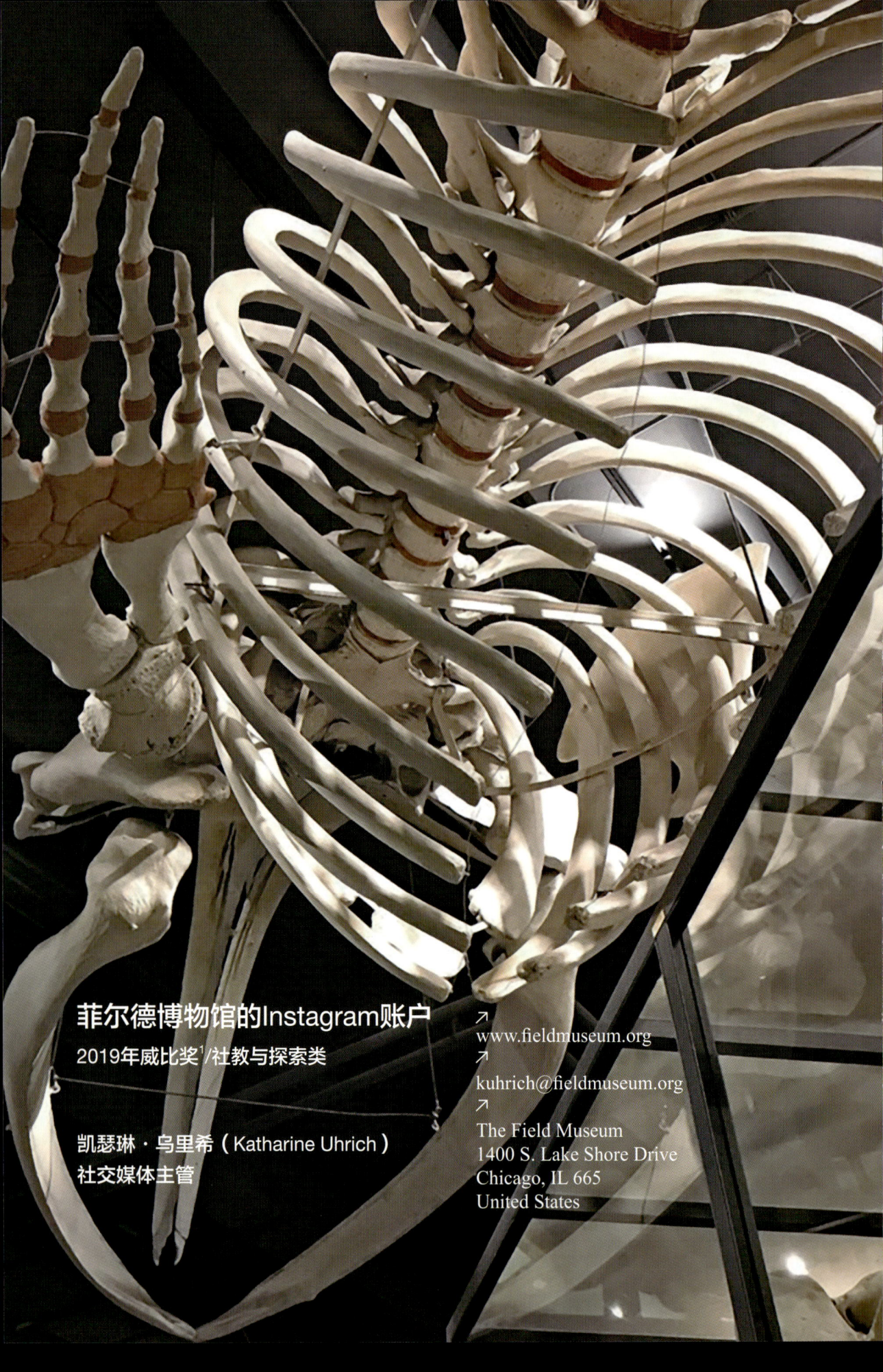

菲尔德博物馆的Instagram账户

2019年威比奖[1]/社教与探索类

凯瑟琳·乌里希（Katharine Uhrich）
社交媒体主管

↗
www.fieldmuseum.org
↗
kuhrich@fieldmuseum.org
↗
The Field Museum
1400 S. Lake Shore Drive
Chicago, IL 665
United States

激发对自然历史的热爱

我们经常发现一些潜在的参观者不太愿意称自己为科学爱好者，更糟的是，他们甚至认为自己并不是自然历史爱好者。但如果你热爱生活，以开阔的视野来探索世界，那么我们相信，你就是一个自然历史爱好者，为了证明这一点，菲尔德博物馆的Instagram账号将为你呈现更多有趣的内容。

运营成功的社交媒体是一部电话，而不是一台喇叭。通过这部电话，我们可以邀请公众与我们的组织和使命进行对话。菲尔德博物馆的Instagram以多种方式开启对话：每天用平易近人的语言来解释科学知识，但这并不意味着我们会简化科学，例如我们会解释"鲸鱼是水生哺乳动物或鲸目动物，因此有与人类相同类型的前肢骨"。此外，对时事的影射、对流行文化的幽默引用，为账户风趣的语调注入了人性，这样的基调进一步邀请粉丝和其他组织参与对话。亲近的语调让一个有着125年历史的机构，用更加生动的方式践行使命。

我们利用Instagram里的各种功能，以多种方式接触人们。我们在"动态"中用吸引人注意的图像，使他们停下手指，仔细观看。在"Instagram故事"中，我们用奇特的观察视角和互动提示展现我们有趣的一面。在IGTV上，我们通过长视频展示博物馆里那些和蔼可亲的工作人员和打破陈规的科学家。这些元素融合成一个媒介，降低了人们进入科学领域的门槛，并向大家证明科学真正为每个人而存在。从Instagram与公众建立联系和吸引人们的注意力开始，一个Instagram的"点赞"可以转化为一次参观，增加一次会员资格[2]，并发展成对自然世界的终身热爱。

（练文婷译，宋汉泽校）

译注：

[1] 威比奖（WEBBY AWARD）：被《纽约时报》誉为"互联网最高荣誉"，诞生于互联网方兴未艾的1996年，是国际公认的代表数字行业最领先和权威的国际性大奖，由国际数字艺术和科学协会主办，来奖励一年之中最具有代表性的国际优秀网站、数字以及社交类优秀作品。

[2] 在菲尔德博物馆这样的机构或组织中注册成为会员，通常可以享受一些特权和优惠，例如免费入场、参加独家活动等，成为会员通常需要支付一定的会费。

遗产工具：对话现实与包容实践

GE SCHL ECHT

jetzt entdecken

施塔弗豪斯博物馆
2020年欧洲年度博物馆奖

西比勒·利希特施泰格（Sibylle Lichtensteiger）
施塔弗豪斯博物馆负责人

www.stapferhaus.ch

info@stapferhaus.ch

Stapferhaus
Bahnhofstrasse 49
5600 Lenzburg
Switzerland

施塔弗豪斯博物馆
——关注当下的博物馆

施塔弗豪斯博物馆关注当下，积极探讨争议话题，并邀请每个人发掘新的观点并加入对话。为了实现这一目标，博物馆团队引入了观众的声音，让他们在互动性强、引人注目的展览中表达自己的意见。观众不仅仅是"旁观者"，更是积极的参与者。

关注对话——施塔弗豪斯博物馆的昨天和今天

施塔弗豪斯博物馆始建于1960年，以200多年前赫尔维蒂共和国的教育部长菲利普·阿尔伯特·斯塔普弗（Philipp Albert Stapfer）的名字命名。基金会的目的不是建立一个博物馆，而是提供一个对话和知识论辩的场所。博物馆组织总部设在伦茨堡城堡，这里曾经举办过早期形式的"圆桌会议"，旨在倾听不同的观点。20世纪90年代，它开始寻求新的形式，在对话中容纳更多、更多样化的观众，由此产生的展览形式取得了巨大的成功。这样的展览能够整合不同层次的资源，从而吸引对深度有不同需求的、更广泛的目标受众。展厅变为社交场所，成为将知识转化为有形事物的感官空间，它们可以利用过去和现在的知识，也可以讲述故事，让观众参与进来。展览因此成为真正的"多面手"。施塔弗豪斯博物馆团队与来自艺术和创意产业机构，包括声音图像、电影戏剧、文字插图和数字模拟等尽可能多学科领域的专家进行大规模联网式合作，并始终欢迎公众参与。博物馆以稳健的手法策划展览，坚信举办展览是一种艺术，并且承担着实现其目标的责任：在当代，应建设性地讨论有争议的话题，而不是粗暴地两极分化。

灵活多样——一个开创性的展览中心

施塔弗豪斯博物馆在过去的二十多年里完成了这一壮举，因为它的总部没有常设的展览空间，所以将展览设置在各种临时使用的空间里，其中包括长期使用的镇上的旧军械库建筑。但这也带来了许多缺点：缺乏基础设施，缺乏可持续性和可及性。但它也有优势：在建筑被拆除之前，这一空间完全是为展览服务的。毫无疑问，这样的出发点是成功的秘诀之一。正是因为博物馆在公众中取得了巨大成功，所以说服了政治家和赞助者共同为之努力，这样的努力使得施塔弗豪斯博物馆萌生了想要拥有属于自己馆舍的梦想。在建造过程中，该馆的建筑灵感来源于博物馆以前的概念：它不是经典的"博物馆建筑"，而是一种灵活的建筑，可以适应该馆作为当代展览和各种活动场所的需求。因此，这座开创性的博物馆建筑于2018年底开放，全长1400米，完全由木材建造，并为变化而设计：钉子可以直接钉在墙壁和地板上，楼梯和墙壁可以移动，入口可以重新安置。这座建筑对所有人开放，按照低能耗可持续的建筑标准建造，并且就建在火车站旁边。

真真假假，性别与性的主题共同塑造着我们的生活

在首届展览中，施塔弗豪斯博物馆将主题定为"假象"（FAKE），并将整栋建筑改造成"真相办公室"（Office For the Whloe Truth）。观众被邀请去鉴别谎言，挖掘真相，评估事实的作用以及信誉和信任在社会中的重要性。研究人员收集了观众的谎言，并依次询问他们认为哪些谎言是可以容忍的善意谎言，哪些谎言是不可原谅的。调查结果不仅呈现出一个诱人的谎言数据库，还收集了一系列关于我们与谎言、真相之间关系的统计数据。尽管受到疫情影响，但是展览还是取得了巨大成功，吸引了超过10万名观众。而且目前"真相办公室"仍然继续作为学校课堂的研讨会项目，在施塔弗豪斯博物馆的官网上运营着，并可能于2022年在德累斯顿的卫生博物馆展出。

2020年夏天，施塔弗豪斯博物馆焕然一新：它现在向男女老少都敞开大门，充满活力、诗意和俏皮，因此远离了传统的二元性别之争。博物馆邀请策展人来主持活动，他们通过展览引导课堂走向，展现他们对性别和性截然不同的看法，也开启了不同人群之间的对话。在这些不同的层面上，一场对话如何才能富有成效？如何才能引发广泛的理解呢？博物馆旨在公开解决这些难题，抱着坚定、严肃但又不失轻松的态度，并以各种各样的调解形式补充和深化展览，让展览跨越博物馆的壁垒展现在人们眼前。

EMYA2020是一个精彩的认可，也是博物馆政策的一个信号

参加EMYA2020（European Museum of the Year Award 2020）是一个激动人心的挑战：施塔

弗豪斯博物馆必须将自己呈现为一家拥有"非物质收藏"的博物馆，以及一个关注当下而非过去的展览空间。这个空间以邀请公众参与并让他们发表意见为傲，因为当下和未来属于我们所有人，而不只属于专家。没有人预料到施塔弗豪斯博物馆能够赢得奖项，因此，意外获奖令人愉悦无比。特别是评审团的赞扬几乎完美地将该机构的目标用言语表达出来："获得2020年主要奖项的这家博物馆提出了难题，探讨了重要的想法，并促进了辩论文化的发展。他们选择的主题不只基于藏品，也基于对社区重要性的严谨研究，这是大多数博物馆都不敢涉及的主题。通过其创新的、面向未来的方法，它为博物馆成为生活艺术实验室提供了范例，这正是所有博物馆应该追求的目标。"

DNA中的改变和使命——施塔弗豪斯博物馆成功的秘诀

在施塔弗豪斯博物馆成立的时候，该馆的宗旨十分明确，即成为一个对话和辩论的空间。实现这一目标的方式是追求开放。机构的使命宣言称："该馆的宗旨根据平时的工作经验制定。"通过这种方式，施塔弗豪斯博物馆始终牢记着它的目标和使命，同时以灵活的手段实现这一目标。这使得当它从一个对话的空间转变为一个关注当下的博物馆时，也不会忘记它的目标。明确的目标和多变的形式是施塔弗豪斯博物馆DNA的组成部分。这很可能是它成功的秘诀之一，而这也让他们赢得了EMYA2020奖。

（龚雪旦译，宋汉泽校）

惠特沃斯美术馆：仍为父母
2020年家庭友好博物馆奖/勇往直前

露西·特纳（Lucy Turner）
惠特沃斯美术馆早期教育内容制作人

↗
www.whitworth.manchester.acuk
↗
whitworth@manchester.ac.uk
lucy.turner@manchester.ac.uk
↗
The Whitworth
Oxford Road
Manchester M15 6ER
United Kingdom

仍为父母
——通过艺术讨论失去孩子的经历

惠特沃斯美术馆是曼彻斯特大学的一部分，是这座城市的"公园画廊"。美术馆与当地合作伙伴、艺术家和社区通力合作，利用艺术推动积极的社会变革，旨在改变艺术给人的体验和表现方式。他们将艺术视为开启对话和引起共鸣的工具，并积极解决人们在此时此地的生活中最重要的问题。美术馆充满活力的公众和教育团队的参与创造了与来自不同社区的非传统艺术观众进行合作的新方法。

"仍为父母（Still Parents）"是惠特沃斯美术馆的获奖项目，旨在为失去孩子的家庭提供支持。该项目于2019年10月与"沙漠"机构（Stillbirth and Neo Natal Death Charity，简称Sands，死产和新生儿死亡慈善机构）启动合作，并提供工作坊，让参与者在艺术家的帮助和指导下，在"沙漠"机构的支持下，通过艺术的方式去讨论、分享失去孩子的经历。

"仍为父母"项目由惠特沃斯美术馆早期的管理者露西·特纳创立，该项目始于其失去孩子的个人经历："我在2016年经历了一次流产，失去了我的女儿珍妮。我从来没有参加过任何互助小组，因为我认为这种互助小组不适合我。我想创造一些我想要的东西，也希望能帮助别人。"露西的个人经历反映了更广泛的社会需求，在英国，四分之一的怀孕以流产告终，但是失去亲人的家庭明显缺少外界的创造性支持。

从项目启动时就可以明显看出，"仍为父母"项目已经在社区中了解到真正的"需求"，并与目标受众产生了共鸣。在项目启动的最初几天内，工作坊就被订满了；共有40个预订，但只有15个名额，为了满足高涨的需求，组织者决定将活动次数翻倍。

这些工作坊由合作伙伴曼彻斯特"沙漠"机构和英国公立医疗系统（National Health Service，简称NHS）丧亲助产士和辅导员推广，他们可将刚刚失去亲人的家庭引导至该项目。

到目前为止，我得到的反馈和我看到的实际艺术作品是如此的美丽，让我感动得难以言表，它们让我无法呼吸，因为我可以在行动中看到艺术的力量。

——曼彻斯特大学NHS信托的丧亲助产士

"仍为父母"项目提供了一种独特的支持方式，不同于"沙漠"机构通常提供的谈话互助小组会议。"仍为父母"活动的核心是艺术创作和行动。参与者了解新媒体这一媒介并学习新技能，因为周围的人也有着共同的失去婴儿的经历，所以在这里没有表达和分享的压力。活动创造了一个安全的空间，失去亲人的家庭在这里可以感受到社群的支持，而这个社群十分理解参与者的痛楚。

这些课程对我来说非常有价值，因为我知道可以和那些失去孩子的人在一起，而不用去担心我得社交这件事，我就感到很舒适。我发现自己变得富有创造力，并在创作过程中有J的参与，这是非常特别的体验。这是专门用来想他的时间，这对我来说如此珍贵。

——"仍为父母"项目的参与者

参与者与遴选出的艺术家一起参加实用型创意工作坊。此外，他们还将在惠特沃斯策展团队的支持下了解惠特沃斯美术馆的藏品，近距离接触具有国际影响力的馆藏，以寻找与个人故事有共鸣的作品。

在疫情期间的"仍为父母"项目

上一次面对面的工作坊活动是在2020年3月，当年英国于2020年3月23日宣布因疫情而封锁。

在封锁的最初几周，显然这时更需要为那些遭受丧亲之痛或悲伤中的人提供支持机制，无论他们是在近期还是曾经失去孩子。刚刚失去孩子的父母受到的打击尤其严重，他们无法得到家人和朋友的安慰和支持，有时也无法得到常规的专业卫生服务。

通过Zoom，这些重要的活动转移到了网上，安稳地进入了家庭环境。在每次活动之前，创意护理工具包会发给每个参与者，让他们能够获得参加实践活动所需的所有工具和材料。这些工具包括亚麻印花、水彩和刺绣套件等等。

所有的艺术材料都被送到了我家，这让我觉得自己备受重视。在这样一个人们因失去孩子而更加孤独的封城时期，这种支持就是救命稻草。

——"仍为父母"项目的参与者

在因疫情而受限的一年里，该项目不仅得到了支持，且在网上蓬勃发展。许多新的参与者加入，曼彻斯特NHS信托基金的丧亲助产士和辅导员现在定期会把新的丧亲家庭介绍给我们。

几周前我们失去了孩子，我一直很

沮丧，所以我问我的助产士是否有这样的服务，可以为失去亲人的夫妇提供帮助。她推荐我们去"仍为父母"，所以我们来了。

——"仍为父母"项目的参与者

在线活动虽然失去了与人们在美术馆内进行偶然、计划外、私密的谈话机会，但也带来了一些意想不到的好处。一方面，它使更多人可以不受地理限制地参加活动。另一方面，它也提供了一个新的私密空间，让每个人都可以以自己的节奏、在自己的空间进行分享。

"仍为父母"在2020年10月"孩子们游博物馆"组织设立的家庭友好博物馆奖中获得了"勇往直前"（Going the Extra Mile）奖。

我很高兴我们能够让这个不可思议的项目得到公众认可，这是它应得的。这是一个非常勇敢且重要的项目，它感动了每一个看到它的人，包括我们的评委、工作人员、受托人和志愿者。

——"孩子们游博物馆"执行董事

获得该奖项不仅是因为项目提供了一个平台来吐露那些可能影响家庭生活的困难，因为这些困难往往是"不可言说"的禁忌，而且也开始拆解家庭的定义。

到目前为止，"仍为父母"已经接触了70多个丧亲家庭，人数还在不断增加。这些工作坊将继续每月举办一次活动，2021年9月，"仍为父母"将在惠特沃斯博物馆举办一个由项目受众所主导的展览。在这个开创性的展览之后，我们的目标是扩展与其他外部合作伙伴的联系，目的是使我们所接触的参与者多样化，包括更多失去亲人的父亲/伴侣和少数族裔社群。

我为通过"仍为父母"所建立的爱心社群感到自豪，也为这些课程能消弭我们共同经历的悲伤情绪而感到自豪。我们创造了一个安全的空间来谈论我们的孩子，提到他们的名字时也不再惴惴不安。在这样一个封闭的时代，这种开放的活动为我们提供了一定程度的自由，让我们通过艺术探索自己的情感，并取得感人至深的结果。如果你有引人共鸣的想法，并可以通过你自己的经验来确定"需求"，那就和你的组织/合作伙伴谈谈，用你的激情和洞察力推动事情的发展。

——"仍为父母"创始人露西·特纳

（龚雪旦译，宋汉泽校）

日本昭和日常博物馆
2020年日本博物馆协会奖

市桥芳则（Yoshinori Ichihashi）
昭和日常博物馆馆长和策展人

→ www.showa-era-lifestyle-museum.city.kitanagoya.lg.jp
→ rekimin@city.kitanagoya.lg.jp

Showa Era Life Style Museum
53 Osakaki, Kumanosho
Kitanagoya City, Aichi Prefecture
481-0006, Japan

关怀老年群体
——与教育、社会福利与医疗领域的合作

在1964年东京举办的第18届奥运会的推动下，昭和时代（1926—1989）成为日本经济快速增长的时期。昭和日常博物馆（简称"昭和馆"）展示了昭和时代人们日常生活中的物品，重点展示日本在第二次世界大战后所面临的挑战。博物馆每年接待超过4万名观众，收藏10万多件生活必需品，以唤起观众的怀旧情节，鼓励他们分享时代记忆。基于此，通过在展览中整合人们的怀旧法（Reminiscence method），博物馆与社区中的老年人建立了新的联系。

2020年，昭和馆利用其大量的日常用品设计了具有创意性的老年人怀旧项目，获得了日本博物馆协会奖。该奖项刚刚设立，旨在表彰为促进日本博物馆的发展做出突出贡献的优秀博物馆，为其他博物馆树立榜样。

1990年，北名古屋市立历史民俗资料馆开馆，与市图书馆相邻，收藏了自绳纹时代（约公元前5000年）以来当地的历史资料。开馆三年后，该馆通过征集昭和时代的日常生活材料扩充了博物馆的藏品，并重点关注1955至1964年这段时期，这也是日本现代生活方式的肇始。这一时期，人们的生活方式发生了巨大的变化，各种电器开始走入人们生活，如电视机、冰箱和洗衣机等，这些也是当时普通民众最渴望拥有的东西。接受捐赠和扩充藏品也加深了博物馆与观众的联系，尤其是当地老年人。除此之外，博物馆通过与公共福利机构合作，为公众的终身学习提供了新的机会。

继2003年为老年人制定学习计划，日本博物馆协会在2004年和2005年又发出了打造"欢迎每一个人，特别是老年人"的博物馆倡议，并开展调研，研究老年人与博物馆的互动模式。随后开展对非基础设施项目的验证，对怀旧法和老年志愿者进行案例研究。

1995年，日本制定并实施《老龄社会对策基本法》，这是应对日本老龄化社会的对策，重点保证老年人终身学习的机会，并为其提供各种学习机会，鼓励老年人参与社会活动，并建立志愿者活动基金会。昭和馆的例子证明，博物馆可以在达成上述目标中发挥至关重要的作用。

日本的博物馆正在打造"长寿时代的模范博物馆"，按照日本老年人占总人口28%的比例，许多老年人同样希望参观博物馆并寻求继续学习的机会。在这种情况下，博物馆在日益老龄化的社会中发挥着明显且重要的作用。

北名古屋市的怀旧项目

北名古屋市设立的怀旧项目是一项心理和社会方案，旨在激活大脑和振奋身心。老照片和日常用品引发观众进行相关的回想、讨论和交流。

这种怀旧法意味着博物馆带着同理心倾听老年人的想法和回忆，而这种方式可以成为我们观察现在和未来的透视镜。

这一方法始于20世纪60年代的欧洲和美国，并继续发展。在日本，这是一种非药物治疗痴呆症的有效方法，主要由医院等医疗机构提供，但还未在更为本地化的基础上进行过实践。作为国家示范项目，博物馆与福利、教育和医疗领域的人员合作，应用怀旧法，以此为特色为老年人提供关怀。2002年，怀旧中心在一处明治时代（1868—1912）的老房子中对外开放，这是加藤家族的故居并被登记为国家有形文化财产。项目在卫生劳动福利部的授权下设立，随着相关设施的建成，项目正式开始，具体的举措包括：

- 成立项目委员会；
- 举办怀旧学校；
- 组建志愿者团队；
- 开展项目评估；
- 租赁回忆工具包来重温过去等。

怀旧项目以老年人的认知功能、生活质量和脱离社会的程度为评估指标，在参与怀旧学校之前、之中和之后三阶段开展评估。目前，该疗法正成为关怀当地老年居民的一项重要举措。在博物馆和福利机构的合作下，怀旧法已被付诸实践。这些机构正在推进老年人的护理，以达到预防痴呆、促进健康和其他目标。我们将此种努力称为博物馆-福利合作，它是这个项目的核心要义之一。从怀旧学校开始，老年人分享自身的记忆，参与者作为怀旧学校毕业生协会（the association of the Reminiscence School graduates）成员持续活动，并保持健康，同时也可以与小孩

在鼓励代际交流的工作坊中体验用老式搓衣板洗衣服

子们进行代际交流。协会成员通过代际交流工作坊在博物馆中扮演博物馆教育人员的角色。

现在我们已经极大扩展了视野，项目起初是出于护理和预防痴呆症的需要，之后还包括维持老年人健康这一目标，现在更推进到为老年人提供终身学习的机会。怀旧法将不同年龄的人们联系在一起，促进了人际关系的发展和社区内部的联系，并拓宽了人际网络。结果是当地居民的潜能得到挖掘（赋能）。这就是北名古屋市的地区怀旧法项目，其目标是为了打造一个健康舒适的城市。

昭和馆规模较小，预算有限，且博物馆员工保持在最低数量。事实上，博物馆一开始只有一位员工，现在是两位。博物馆的藏品征集成本为零，因为藏品以市民捐赠为主。这使得项目能轻易在任何地方推进，其他博物馆可以根据自身特性进行调整。本项目还可以融入博物馆的工作坊和其他项目，一些博物馆采用了有地方环境和材料特色的方式来引发怀旧情绪。项目在日本迅速发展并成为日本博物馆促进老年人教育和健康的范例，随着怀旧法的进一步推广，我们将继续使用这一方法加深人们对于跨文化的理解和促进人类生活文化的多样性。

（丁晗雪译，王思怡校）

奥地利历史之家

2020年欧洲博物馆论坛肯尼斯·赫德森奖

莫妮卡·佐默（Monika Sommer）
奥地利历史之家理事

↗
www.hdgoe.at
↗
tanja.jenni@hdgoe.at
↗
Austrian National Library
House Of Austrian History
Josefsplatz 1
1015 Wien
Austria

一个供公众讨论的论坛

奥地利历史之家是一个由联邦政府资助的新兴博物馆，于2018年11月开放。在长达数十年的筹备工作后，该博物馆在数月内迅速建成，推出一个不断更新的主展览和其他多样活动，旨在探讨与当下密切相关的历史语境。奥地利历史之家是一个开放与可及的论坛，致力于探索博物馆学新路径，吸引公众参与关于奥地利当代史的对话。

为了达成这一使命，博物馆注重教育创新和活动策划，并允许公众通过数字或实体方式延伸或改变博物馆的叙事。此外，创意艺术项目、跨学科研究和批判性出版物强调多元视角，展现奥地利古往今来的不同侧面。奥地利历史之家旨在开放历史的多元阐释，促进不同社区对过去、现在以及彼此之间的影响进行讨论。该馆的开幕展聚焦于奥地利自1918年以来的动荡历史，让边缘化的叙述得到更多关注。

奥地利历史之家获得了2020年肯尼斯·赫德森奖，这是对该博物馆及其个人、项目与团队的认可。该奖项颁发给那些展示了最不同寻常、大胆、富于争议、挑战人们对博物馆社会角色固有认知的成就。该馆备受鼓舞，因为这一荣誉凸显了他们的核心理念和方法：创新、呈现多元视角的叙述、质疑文化机构的权威性并提供分析性的展望。

同时，该博物馆注重倾听社区代表的声音，提供公众意想不到的见解，超越了单一、权威化的历史叙述。此外，它还考虑了历史展示的伦理问题，特别是在涉及暴力和纳粹历史的展示，为了避免在观众中产生宣传效应，博物馆避免使用仅仅意在羞辱受害者的图片和其他材料，如犯罪者拍摄的照片，而是选择那些从同情受害者的立场或者由受害者自己制作的材料来讲述故事，这样的方式尊重了抑制暴行的受害者以及当代观众的声音。为了强化观众对当事者处境的意识，博物馆经常关注个体视角，并强调历史和当代背景下人们的能动性。

参与、介入和民主化

博物馆鼓励参观者分享他们对历史的看法，并将这些观点展示在博物馆中。参观者可以通过涂鸦胶带来改变展览的外观，或者通过个人移动设备上传图片或视频来丰富展览的故事情节。这些观点将在博物馆的投影设备上展示，使得半永久展览在开放后也能够动态发展。

博物馆中还设置了有趣的装置，进一步挑战了虚拟和现实之间的界限，使观众能够审视自己的想法。例如，虚拟明信片提供了无数选项，可供创建全新的、个性化的奥地利形象，并通过传统的邮政服务寄送。

主展览的叙事提供了历史上不同维度、甚至相互矛盾的观点。许多互动邀请强调批判性思考的重要性，并促进讨论——不仅关于历史事件，也关于历史表达方式。因此，观众的体验不限于权威话语，而是由他们自己选择、贡献。

数字博物馆和实体博物馆共同参与关于历史和公共空间的讨论，特别是维也纳的历史地标——英雄广场及其所代表的多重历史层面。因此，博物馆成为积极参与塑造奥地利历史地标的认知之地，使观众能够以数字或实体方式表达他们对这些有争议地点的看法。

博物馆尽可能在知识共享许可协议下发布内容，供每个人使用。藏品数据库将在网上发布，并计划纳入欧洲数字博物馆（Europeana）数据库中。

待客之道

博物馆的使命指出，所有对奥地利历史感兴趣的人都是利益相关者，博物馆的服务欢迎并面向所有人。在前台，博物馆的学习团队成员将热情迎接和招待观众，这里连接着历史建筑、休闲空间和展览区。这不仅使每位观众的问题可以得到直接解答，也促进了观众和博物馆工作人员之间的对话，以探讨不同的当代史观点与展示方式。

作为一个公共项目，博物馆使用不同的媒介与各种各样的观众沟通，例如通过实体和数字展览，在博物馆内外提供学习资源、发起艺术项目、参与各种事件与活动等。与不同的公众、社会组织以及社会项目的合作，凸显了博物馆提供多维度历史参与选择的目标。

奥地利历史之家提供多样性和创新性的教育计划，包括为学校（根据学生年龄和学校类型提供不同形式的课程）和社区提供导览和广泛的教育工作坊、定期的概述性导览、策展人主题导览。"家庭早晨"计划向公众展示了展览的内涵。在"问与答"系列中，社区代表和公众人物讲述他们对某些历史情境的体验，进而补充或甚至反驳展览叙事。家庭学习的中心元素之一是一个交互式的、插图丰富的小册子——"一起来，参与！"，它沿着开馆展览的主题和情节，带领观众穿越百年历史，突出特定展品，并讨论民主的发展和缺失及其在当下共同生活中的重要性。这本小册子在展览入口处可免费领取，观众不仅可以在博物馆参观时使用它，还可以带回家，使其成为博物馆参观之外的学习工具。

可及性

作为一个21世纪的博物馆，奥地利历史之家十分注意和批判社会排斥的现象，并努力达成观众身体和精神上的无障碍访达，以保障不同的利益相关者。该馆的活动符合不同社群的利益。他们采用了一系列标准来确保博物馆的可及性，如在博物馆所有区域提供轮椅通行、遵循w3数字指南进行在线平台建设，同时为具有特定需求的群体开发内容（例如为听障观众转译声音艺术装置）。对于博物馆来说，无论观众的身体和语言能力如何，将尽可能多的人纳入交流与互动的体系十分重要。由于资源有限，他们尚未实现所有目标，例如仍在努力改善视障观众的访问体验。文字内容经过特别设计，以吸引具有不同历史知识水平的人，并开展科普性的讨论。该馆为社区、学术界、文化工作、博物馆交流和艺术提供了创造性互动的空间。

奥地利历史之家是奥地利唯一一家联邦下设的现代史博物馆。这意味着博物馆有责任鼓励人们对当前发展的历史背景产生兴趣，参与公民对话，支持被边缘化的声音，并提供与普遍认知的"奥地利"故事不同的叙述。该馆也在寻找合适的工具来实现这一目标，特别是开放博物馆空间以接触不同社会群体，但这是一个持续的过程，且需要倾听外部观点，灵活应对并经常改变方法。作为一个新成立的机构，拥有一支相对年轻的团队，奥地利历史之家既面临困难，又具有独特的禀赋。

（张书良译，宋汉泽校）

北爱尔兰国家博物馆、神经中心、
北爱尔兰博物馆理事会和北爱尔兰
电影局：
"再度构想、重塑、重演"项目
英国博物馆协会2020年最佳博物馆
改变生活项目

www.nervecentre.org

inf@gnervecentre.org

Nerve Centre
5-6 Magazine Street
Derry-Londonderry Bt48 6HJ
United Kingdom

艾玛·麦卡利尔（Emma McAleer）
北爱尔兰国家博物馆青年参与政府人员

尼娅·凯莉（Niamh Kelly）
"再度构想、重塑、重演"项目青年大使

青年主导的活动：再度构想、重塑、重演
——一个改变生活的项目

2020年，"再度构想、重塑、重演"（Reimagine，Remake，Replay，简称RRR）项目获得了博物馆协会颁发的著名的"博物馆改变生活奖"。这个奖项旨在表彰博物馆对观众生活的影响，在我们的案例中，观众是由年轻参与者和博物馆从业者组成的社区。继续往下阅读，就能了解我们要怎么做以及为什么要与年轻人一起改变博物馆空间的更多信息。

我们是谁&我们在做什么

RRR用有意义的方式将北爱尔兰的年轻人与他们的遗产联系起来。我们与参与者一起发挥创意、使用数字方法，让他们探索、解释并回应博物馆的藏品和空间。我们提供以技能为基础的项目、活动、研讨会、有偿和志愿机会，为年轻人提供学习、平台和支持，使他们有能力参与遗产保护工作。我们的项目由包括神经中心（Nerve Centre）、北爱尔兰国家博物馆（National Museums Northern Ireland）、北爱尔兰博物馆理事会（Northern Ireland Museums Council）和北爱尔兰电影局（Northern Ireland Screen）在内的机构牵头，由国家彩票遗产基金资助。这项独一无二的倡议为北爱尔兰的年轻人提供独特的综合性资源。我们的工作分布在北爱尔兰的6个地方博物馆和3个国家博物馆——现在我们甚至在网上运营。这些都是具有历史遗产价值的场所，定期进行参与式互动和由年轻人主导的活动，为所有参与者带来了极佳的成果和丰富的经历。

结果

这个项目已经进入第三年，吸引了超过3800名年轻人参与创意项目、活动和研讨会。对于一个小团队来说，我们取得了很多成就，包括7个由年轻人主导的活动、270个创意会议、70名核心/创意参与者、颁发了400个数字徽章，以及制作了1700个创意产出。

该项目包含三类方法：
再度构想过去（事务管理和交互开发）；
重塑过去（利用数字制造和新兴技术）；
重演过去（电影制作、摄影、数字故事）。

我们在应对远程交互带来的挑战时，也在扩展这些类别的活动。然而，在此之前，这些活动也在发生变化，因为我们积极赋权并支持年轻人团体来塑造、引导和领导这个项目。

我们的成功：被青年领导

传统意义上，16—25岁的年轻人在博物馆和遗产领域一直是一个代表性不强的群体。我们致力于确保博物馆是一个兼具包容性和吸引力的空间，并且面向所有年轻人。然而，RRR已经证明，

我们不应该只将年轻人纳入博物馆，还应该赋予他们在博物馆空间中参与活动和共同创作的权力，这对双方都有许多益处。这个项目勇于探讨对年轻人来说至关重要的话题。倾听参与者的意见可以让项目与议题保持相关性，增加社会参与度，并为参与者提供发声的重要平台。这可以培养参与者的信心和强烈的自我价值感，使他们的意见被重视，并看到自己改变项目运作方式的力量。RRR影响了年轻人对文化遗产的看法，以及文化遗产现在或未来的地位。

> 我喜欢这个项目的北爱尔兰特色，它让我更为身为北爱尔兰人而感到骄傲，这是我平时感觉不到的。由于女性在北爱尔兰的历史中经常被忽略，所以这个团体对我来说尤为重要。
>
> ——项目参与者汉娜·夏普（Hannah Sharp），24岁

> 参加RRR无疑改变了我对遗产和博物馆空间的看法。在此之前，我认为博物馆是相当可怕、令人生畏的，因为我不想损坏任何东西，但在RRR的带领下，当我进入博物馆时，我发现那里的工作人员真的很热情，他们非常关注我们作为年轻人的想法和意见。
>
> ——由参与者变为RRR主持人的娜塔莉·科尔（Natalie Cole），23岁

参与者一次又一次积极提出了博物馆藏品的新方法。参与者在博物馆中获得的机会和权力，是我们最引以为傲和为之欣喜的成果。我们的成功，包括获得"博物馆改变生活奖"在很大程度上归功于这种工作方式。

我们向所有组织推荐以年轻人为主导的方法，这种方法可以在实施时考虑成本，甚至可以从组织层面开始逐步实施。由年轻人领导的最好例子包括：

· 由青年大使尼亚姆·凯利（Niamh Kelly）任命的带薪全职职位。

· 支持参与者作为助手和领导者组织活动，让他们可以提出自己的想法并分享自己的技能。

· 为年轻人提供多种展示自己创意作品的平台，例如在RRR网站和社交媒体上发布内容，或以创新和有创意的方式在博物馆展示艺术作品。

· 由年轻人主导的活动，让他们可以设计、开发和传达自己的体验，公众可以享受其成果和从中受益。

· 针对特定项目方向，设立由青年主导的指导委员会。

参与者的收获

外部评估机构RF Associates的一份年终报告显示，年轻人的信心、知识储备和数字技能都有所提高。除了技术技能，参与者还学会了讲故事、解决问题、团队合作、批判性思维、历史理解和沟通等技能。RRR与40多位专家合作，如设计师、创客、作者和互动开发人员，因此参与者可以获得一系列专业知识。参与者不需要任何预备知识或技能，根据他们已有的教育背景和过去的经历可以完全没有障碍地参与课程。我们的课程是完全免费的，但是我们也为参与者提供付费学习和使用设备的机会。该项目的专业发展元素尤为重要，我们非常重视参与者能够在未来的工作生涯中吸取这些经验并将其应用到博物馆或其他领域。

RRR通过提供社交、创造性和发展的机会来支持参与者的福祉。当疫情开始时，RRR适应了可持续的在线授课模式，因此，在封城期间及以后，年轻人可以继续与该项目接触。

保持对年轻人有益很有必要，因为25岁以下的人在封闭期间在经济上和心理健康方面会受到重大影响。参与者表示，该项目有助于他们通过结交朋友、尝试新技术、学习技能、感受与传统的联系等方式关注自己的心理健康。

组织变革

外部评估显示，通过提升文化遗产工作人员的知识和技能水平，合作博物馆会发生组织变革。例如，阿尔斯特博物馆（Ulster Museum）创建了一个新的技术实验室空间，用于举办工作坊。在项目的运作周期内，它作为RRR项目的基地，项目人员和参与者都对其设计有一定的影响。这个设施将会在项目结束后保留，成为该项目遗产的一部分，供博物馆自行进行未来的创造性技术项目设计。博物馆工作人员的想法也与此一致。时尚策展人夏洛特·麦克里诺兹（Charlotte McReynolds）解释说，该项目提供了学习技能的机会，"这是一个双向的过程——参与RRR项目的附加好处是，我的社交媒体和技术技能都得到了提高，这意味着我比以前更擅长在数字平台上分享收藏品。现在，我们都在家中安稳地度过这段时期，这些技能比以往任何时候都更加重要"。

结论

这个奖项证明了RRR项目及其杰出的参与者是改变过去排外文化的领导者，而且是以一种有意义的、创造性的和持久的方式做到的，即一种改变人生的方式。该项目留下的遗产将确保博物馆成为倾听年轻人声音、实现他们的想法，并且重新构想、重塑和重演这些内容的平台。

（龚雪旦译，宋汉泽校）

盖尔洛赫博物馆

2020年艺术基金会年度博物馆奖

凯伦·布坎南（Karen Buchanan）
盖尔洛赫博物馆馆长

↗ www.gairlochmuseum.org
↗ info@gairlochmuseum.org
↗ Gairloch Museum
Gairloch Iv21 2BH
United Kingdom

从核掩体到博物馆

盖尔洛赫博物馆成立于1977年，致力于促进和鼓励人们对盖尔洛赫地区历史、文化、美学和风貌的关注与关怀。该博物馆以其记录社会历史发展的藏品而闻名，其中包括西海岸发现的第一块皮克特石和曾用于鲁比广角灯塔的菲涅尔透镜。2009年，盖尔洛赫遗址博物馆获得了博物馆认证资质。该博物馆是苏格兰高地韦斯特罗斯地区历史与地理的学习中心，全年为游客、当地居民、学校、社区以及弱势群体与特殊人群提供各种与博物馆项目相关的活动。盖尔洛赫博物馆于2019年迁址，现有场馆由一座废弃的核掩体改建而成。这一改建项目名为"我们的土地、人民与故事"（Our Land, our People, our Story），在博物馆董事会、志愿者和社区居民的共同努力与广泛参与下，盖尔洛赫博物馆共筹集240万英镑，花费8年时间成功将这座废弃的核掩体改建为博物馆的新址。

自2019年7月重新开放以来，盖尔洛赫博物馆因其建筑的独创性和常设展览的卓越性而得到赞誉。博物馆大胆地将一座曾被废弃、重新利用的冷战时期建筑作为展示空间，这一行动得到了广泛的关注和认可，被评价为"有史以来军事掩体的最佳用途"。在志愿者、工作人员的努力以及广泛的社区支持下，这个曾被废弃和忽视的建筑已经成为该地区最具吸引力的景点之一，并辐射全国，吸引了大批新的观众。2020年10月，盖尔洛赫博物馆获得了由英国艺术基金会颁发的"年度博物馆奖"（The Art Fund Museum of the Year）。作为世界规模最大、最具影响力的博物馆奖项之一，该奖项旨在庆祝英国各地文化场所的创新成果，并鼓励更多的人去参观和深入了解博物馆核心。每年，由多名艺术家、学者及企业家组成的评审团将奖项颁给前一年度符合"以不同寻常的方式为观众带来鲜活的艺术品""达到公共教育目的""赢得观众明显支持"等标准的博物馆，展示其工作的创新之处以及对观众的影响。通常来说，每年度有5个博物馆入围，最终产生一名获奖博物馆并获得10万英镑的奖金。2020年，为了表彰这些博物馆在特殊时期应对的前所未有的挑战，入围的5家博物馆共同分享了这一殊荣和20万英镑的奖金。

盖尔洛赫博物馆新址坐落于偏远的苏格兰西北海岸，其重生的故事中所展现的人民力量、决心、当地自豪感深深吸引了年度博物馆奖评审团，被评价为"真正的特别之处"。他们认为，博物馆藏品的重新展示涵盖了盖尔洛赫地区的历史、文化、本土风情，唤起了当地居民对其遗产的自豪感，创造了一个具有活力的社区中心和有可持续性的文化地标。

盖尔洛赫博物馆是由志愿者管理的，他们是博物馆工作中不可或缺的一部分。该馆充分利用重建项目以扩大其志愿者范围和数量，并增强现

有志愿者和新任志愿者的技能水平。超过120名志愿者参与了该项目，一部分志愿者参与了长期性的工作，另一部分志愿者则是为某个特定活动而被招募，他们都为博物馆实现项目目标发挥了关键的作用。

2013年5月，凯伦·布坎南（Karen Buchanan）被任命为盖尔洛赫博物馆馆长。在博物馆改建项目中，她主导了藏品、图书馆和档案室的设计和布局，并在博物馆迁址过程中发挥了重要的作用。在项目期间，盖尔洛赫博物馆聘任了两位年轻的项目策展人罗莎琳·古尔丁（Rosalyn Goulding）和凯蒂·皮尔彻（Katie Pilcher），他们为这个项目带来了巨大的活力与热情。藏品保管员雷切尔·托马斯（Rachel Thomas）在博物馆迁址期间负责了有关文物保护的所有事项，为参与藏品转移工作的志愿者提供培训和帮助，并为藏品保护相关的咨询提供了深度支持。

盖尔洛赫博物馆的成功改建为当地提供了一个新的地标式遗产景点。2019年7月至12月，博物馆新址对外开放后迎来了10200余名观众，较之前年均5000至6000人相比有了巨大的增长。盖尔洛赫博物馆在因疫情闭馆期间推出了多个在线活动和展览以吸引和满足线上观众的需求。后疫情时代，博物馆将全年对外开放，希望每年的参观人次能够达到15000人。

回顾整个项目历程，盖尔洛赫博物馆克服了许多的困难与挑战。实际上，盖尔洛赫博物馆第一次向英国国家乐透遗产基金会提交申请时并未得到支持。尽管这令人沮丧，但博物馆董事会一直努力与国家乐透遗产基金会进行沟通，并根据反馈意见进行修改，终于在第二次提交申请时获得了成功。事后看来，在项目计划和预算评估中

应该创造一个项目经理的角色,在博物馆建设期间负责展陈落地等具体执行工作。由于缺少项目经理这一角色,博物馆馆长承担了很大的压力,他需要同时协调关系拓展和校对展品说明牌等工作。另一个实际的障碍是电力供应的协调,这导致该馆的对外开放时间在夏季参观高峰期不得不推迟了近一个月。

盖尔洛赫博物馆鼓励其他处于同样情况的小型博物馆树立长远的目标,并为之不懈努力。这些小型博物馆在其社区内已开展了出色的工作,这值得被认可。尽管由于疫情的影响,英国艺术基金会并没有在伦敦举办颁奖典礼,但获得"年度博物馆奖"这一殊荣对于盖尔洛赫博物馆来说仍然是一段美妙的经历。

(卜凡译,王思怡校)

奥顿帕扎里现代艺术博物馆
博物馆+遗产年度国际项目奖

布斯拉·爱卡拉（Busra Erkara）
奥顿帕扎里现代艺术博物馆教育主任

↗
www.omm.art
↗
info@omm.art

OMM
Sarkiye Mah. Ataturk Bul. No: 37
Odunpazari-Eskisehir
Turkey

奥顿帕扎里现代艺术博物馆：安纳托利亚的创新性和以人为本的艺术平台

诞生于多文化交融的埃斯基谢希尔

请设想一个新兴艺术家作品和已成名当代艺术家作品齐聚一堂的地方。作为一座建筑奇迹和标志性建筑，奥顿帕扎里[1]现代艺术博物馆（Odunpazari Modern Museum，简称OMM）坐落于安纳托利亚古老而现代的城市埃斯基谢希尔，欢迎世界各地的观众来欣赏土耳其及国际艺术家的作品。

由隈研吾建筑都市设计事务所（KKAA）设计

收藏家埃罗尔·塔班贾（Erol Tabanca）希望将他的藏品放在一个与藏品本身一样令人激动的空间中，隈研吾的设计和配置为博物馆提供了一个完美的解决方案。隈研吾和合作伙伴建筑师池口勇树从塔班贾家族对该项目的期待、土耳其和日本的文化相似性及城市的年轻活力中获得了灵感。

隈研吾的KKAA公司设计过许多标志性建筑，包括苏格兰的杜迪现代艺术博物馆和2021年东京奥运会举办场地——东京新国立竞技场。2016年4月，他们开始着手OMM项目，从当代的角度关注奥顿帕扎里的历史肌理。

OMM建筑具有醒目的平等主义建筑风格：没有明确的正面或背面，室内空间没有给定的等级，高度在三层结构中变化。总体而言，该建筑将观众带入独特而纯粹的空间体验。

OMM项目的设计师隈研吾和池口勇树试图突出建筑设计中的四个主要元素：

几何形状：将简单的几何线条转化为复杂的图像。

光线：过滤后的高质量光线进入室内。

聚类：不遵循单一形式，就像奥顿帕扎里的街道和房屋一样；建筑聚合体打破了统一性。

木材：设计受到奥顿帕扎里房屋的传统木构系统的启发，该系统也存在于日本。

无论昼夜，OMM建筑都使其周边地带焕发生机，并以其无与伦比的建筑成为埃斯基谢希尔和土耳其的新象征。

OMM的创始人和主席

OMM的创始人和主席是收藏家、商人埃罗尔·塔班贾。长期以来，他一直梦想着向公众展示他的艺术收藏。他将艺术描述为"能够平息所有困难对话的事物"，他决定将他在商业领域赚取的财富回馈给养育他的城市。作为一名建筑师，当被问及为什么选择与隈研吾及其公司KKAA合作时，他解释道："与隈研吾这样的建筑师合作，让我们不仅在土耳其，而且在全世界都产生了影响。弗兰克·盖里设计的古根海姆博物馆对我们的启示很大，它让毕尔巴鄂成为一个重要的旅游目的地。"

关于OMM未来的愿景，创始人将其寄托于自己的长女伊迪尔·塔班贾，她是一位拥有国际媒体和出版背景的专业创意人士。自2018年11月以来，伊迪尔·塔班贾一直是博物馆的领导，以全球视野做出睿智的创意性决策。塔班贾指出："我认为这个项目最令人兴奋的事情之一是它对分权的贡献。博物馆并不位于国家的文化和金融中心，而是位于安纳托利亚，我认为这是一个巨大的优势。""我的梦想是让埃斯基谢希尔成为世界各地艺术家的会集地。除了即将推出的项目，令我非常兴奋的还有一系列教育计划，以及让可持续性成为我们未来所有努力的中心。"

藏品

OMM的主要目标之一是向公众展示其近一千件现当代国内外艺术品收藏，包括绘画、雕塑、装置艺术、电影、摄影和新媒体作品。

展览

自2019年秋季开馆以来，OMM已经举办了五个展览。首届展览"联合"（The Union）由哈尔顿·多斯托格鲁（Haldun Dostoglu）策展，展出了埃罗尔·塔班贾收藏中的90件作品，包括土耳其艺术史上重要人物内贾德·梅利赫·德夫里姆（Nejad Melih Devrim）、努里·伊耶姆（Nuri Iyem）和古尔松·卡拉穆斯塔法（Gulsun Karamustafa）及年轻当代艺术家的作品。

总部位于伦敦的实验艺术团体棉花糖激光盛宴（Marshmallow Laser Feast）的"抱树者"（Treehugger）和"在动物的眼里"（In the Eyes of the Animal）邀请参与者探索超越日常体验的感官感知。

2020年1月，博物馆的第一个常设展览"第三空间"（Third Place）开幕，展出了OMM的第一位常驻艺术家泰勒·萨克（Tyler Thacker）和艾琳·沃尔夫·莫姆森（Erin Wolf Mommsen）的作品。展览提出了空间和非空间、任务和实验之间的辩证关系，以及在艺术家分享共同主题和之前陌生环境之间的二分法。

博物馆在疫情前的最后一次展览是波兰艺术家卡琳娜·斯米格拉-鲍宾斯基（Karina Smigla-Bobinski）的交互式动态雕塑"ADA"展览。艺术家将其描述为"艺术制造机器"，由观众启动，但自主运作并产生痕迹。

2020年秋季，OMM推出了第五个展览"一天的尽头"（At the End of the Day），展览内容包括乌苏拉·K·勒·格恩（Ursula K. Le Guin）1972年的中篇小说《世界的词语是森林》。该展览正在进行中，提供土耳其语的在线导览，如有需求，也可以提供英语导览服务。

四代田边竹云斋的现场装置

随着博物馆于2019年9月开放，日本竹艺家四代田边竹云斋的现场装置也被纳入永久收藏。近20年来，该艺术家一直是竹艺中最激进的实践者之一。在他的OMM装置中，四代田边竹云斋使用了日本高知地区原产的竹子，并探索了自然四大元素以及第五元素——空间的主题。

教育

从博物馆成立初期起，针对不同年龄段观众的教育项目一直是OMM的重点。博物馆会根据

展览时间表同步推出面向成人、儿童和老年人的教育项目。

从2020年10月开始，这些项目已经转移到了在线平台Zoom上，并且持续受到关注。目前的项目包括在线展览导览、"OMM在我的教室"（针对不同年龄段的带有导游的预约参观，提供土耳其语服务）以及面向研究生和本科艺术学生的当代艺术研讨会。

我们的社群

截至2020年11月，OMM已经接待了180816位观众。其中8326位是中小学生，他们通过导览服务参观了OMM。

OMM商店、播客以及疫情期间的活动

为了迎合设计爱好者的需求，OMM商店于2021年推出了在线组件。商店不仅提供基于博物馆永久收藏的文创产品，还提供精心挑选的设计物品和独特的合作作品。从2020年12月开始，博物馆还在Spotify上发布了一系列与"一天的尽头"（目前仅提供土耳其语）相辅相成的播客系列。新的播客系列将在2021年推出。

就像博物馆行业（以及其他领域）中的每个人一样，OMM也将一步一个脚印，期待着迎接观众的到来！

（张书良译，宋汉泽校）

译注：
[1] "Odunpazari"的原意为"木市"或"木村"。

国家儿童图书中心：七个故事

2020年英国博物馆协会应对疫情最佳项目

萨拉·科顿（Sarah Cotton）
七个故事项目创意制作人

↗
www.sevenstories.org.uk
↗
info@sevenstories.org.uk
sarah.cotton@sevenstories.org.uk
↗
Seven Stories
30 Lime Street
Newcastle Ne1 2PQ
United Kingdom

值得微笑的事

国家儿童图书中心（The National Centre for Children's Books，简称图书中心）是英国的一个家庭博物馆，其使命是培养儿童和青少年的文学素养。图书中心坐落于在恩河畔纽斯卡尔的拜克。这里是全英格兰最贫困的城市之一，也是最贫困的地区之一。

在疫情之前，图书中心与拜克附近的学校和社区就开展了密切合作，利用以童书为基础的活动改善儿童和青年人的生活质量。项目的独特之处在于，利用我们的创意活动分享儿童文学，来创造儿童及青年人生活中的新机遇。我们与健康及社会照管伙伴及学校一起共建项目，为儿童提供进阶的语言能力、社会和情感能力的发展，培养儿童读写能力，让他们感受阅读的快乐。

在咨询了当地家庭和社区组织之后，图书中心对当地许多家庭面临的困难感同身受，设计了各种项目以应对由贫穷导致的不平等问题，其中包括入学准备、假期时因缺少校餐而导致的饥饿和对于校外活动的需求。

图书中心与社会力量开展了广泛的合作，因此能够有效应对疫情封锁造成的中断，并迅速找到新的工作方式，满足家庭居家时的需求。

在这样一个特殊时期，让孩子们保持快乐、活跃和充实，对他们的心理健康至关重要。但我们了解到，与我们合作的许多家庭，家中几乎没有供孩子玩耍的资源。许多家庭最担心的是如何获取食物，但同时家长也为如何给孩子提供娱乐活动而感到焦虑。我们将装有书籍、工艺材料、创意游戏活动和食物的包裹送给最需要它们的家庭，帮助他们度过这段艰难时期。

拜克小学首先找到那些他们认为最需要帮助的家庭，也就是那些能够通过参与我们新推出的食物主题的"故事厨房"而受益的家庭。我们与一家以鼓励人们了解美食为宗旨的社会企业"食品王国"（Food Nation）合作，将美食类儿童图书、创意活动与"食品王国"的食谱包搭配在一起，以故事为灵感，烹饪一顿"家庭大餐"。"七个故事"（Seven Stories）项目和"食品王国"的工作人员送货到家，附赠歌曲和游戏的视频故事以及烹饪视频，供一家人一起烹饪使用。

图书中心的"常驻读者计划"每周安排项目组的一名成员到一所学校开展活动，通过活动设计，在学校和家庭中培养孩子们对书籍的热爱。封锁期间，该活动改为线上进行。我们在拜克的两所小学分享了全年龄故事包和创意活动，供关键工种家庭的儿童上学和居家时使用。

我们与儿童慈善组织巴纳多斯（Barnardo's）东部社区家庭中心合作。该中心旨在为5岁以下儿童提供人生的最好起点。我们

"鱼儿万岁"包裹

为幼儿和年龄较大的儿童分发书籍和家庭活动包，并提供线上（Facebook）讲故事活动。将包裹送到家中可以让我们登记生活孤独的父母名单。在夏季的几个月中，我们还为个别家庭提供了户外讲故事的课程。

在暑假期间，我们与当地房屋协会和其他社会团体组成拜克青少年合作伙伴（Byker Children and Young People's partnership），在拜克沃尔庄园举办有趣的户外故事活动，提供故事包和健康食物包。在8月共帮助了约400人。

我们精心挑选的故事，以探索幸福、赞美友谊、倡导互助和尊重他人为主题，还涉及如何克服恐惧和焦虑等内容，激励孩子们自己种植蔬菜和花卉，并学习新的创意技能。这些优秀的儿童书籍可以为所有人带来愉悦和希望。在分享的同时，这些故事也给予大家一个暂时逃离当下的机会，并带来欢笑、快乐和希望。

曼彻斯特博物馆馆长、英国博物馆协会"博物馆改变生活"奖项的评委埃斯梅·沃德（Esme Ward）表示："评委们喜欢这个项目的方方面面。这是一个致力于满足社区需求的博物馆，他们迅速且周到地在线上线下服务当地的家庭，还和多个组织合作，不仅提供书籍和资源，还提供食物、食谱和园艺灵感等等。整个拜克都能感受到这项活动的深远影响。"

食物故事包

项目团队凭借勇气、决心和共情能力很好地完成了这项工作，他们重视人与人之间的接触、关注社区的福祉，以及重视创意活动带来的放松、愉悦和欢乐。尽管他们也遇到了阻碍，包括必须短时间内学习新的数字技能、订购商品和材料，获得出版商在线分享故事的授权许可，以及儿童照管和居家工作的挑战，但工作人员们发现付出这些努力都十分值得。

这项工作完成于保障福祉、积极的家庭互动和与当地社区联系的需求最为迫切的时候。这项工作也让那些尚未接触"七个故事"项目的家庭参与进来。我们已与那些以前没有时间在家与家人一起阅读的家庭分享了数百本图书。我们很荣幸能被邀请到家庭花园中，与家庭成员们一起分享精彩的故事，这将在未来很长一段时间内成为我们美好的回忆。许多家庭分享了感受：孩子们的故事给他们带来了轻松愉快的经历，增加了生活的幸福感并获得了愉快的家庭时光，这样的方式建立了父母与孩子之间沟通的桥梁。

去年的工作是帮助家庭应对新冠疫情危机所带来的冲击，接下来的工作则是调整我们的社区计划，创造持续的影响。因为疫情会加剧这些家庭的危机，英国教育标准局的报告称，大量低龄儿童在基本技能和学习能力上出现了倒退，各个年龄段孩子的精神压力却在上升。"以人为本"的博物馆公共项目必须敏锐地适应复杂和不断变化的现状。寻找答案也许不是最要紧的，最重要的是用开放和敏锐的态度来回应当地家庭和合作者带来的信息。因此，在我们的实践计划之中不断做出改变是唯一的解决之道。

（丁晗雪译，王思怡校）

澳大利亚维多利亚博物馆：连接河流

2020年澳大利亚博物馆多媒体与公共设计奖·
多媒体最佳展示奖

布里奇特·汉纳（Bridget Hanna）
维多利亚博物馆展览与观众体验数字项目制作人

↗
www.museumsvictoria.com.au
↗
bhanna@museum.vic.gov.au
↗
Seven Stories
30 Lime Street
Newcastle Ne1 2PQ
United Kingdom

通过"河流数字之旅"建立人类与河流的联系

学习实验室（Learning Lab）的"连接河流"（River Connections）是一个沉浸式的投影体验项目，博物馆通过原居民长老与艺术家的合作，探索他们的土地、动植物与河流的紧密联系。每个场景、图像和声音以及展览的总体结构的设计都经过与长老的咨询、沟通与合作。

这一时长5分钟的体验项目将观众带入墨累河（Murray River）的独特生态环境。尽管对环境、文化和经济的意义重大，但墨累河充满争议。观众可以通过这个项目探索可持续发展和互联互通等理念。

（展览）通过流动的线条来实现世界联系的可视化，这些不断变化形式的线条描绘了永恒变化的主题。这个项目探讨了生命是如何联系在一起的，并强调了需要成长所需健康环境的重要性，同时它也分享了过度使用水道和人类活动造成的污染如何将自身置于危险之中。这里引人入胜、绵延不绝的美丽河流的投影也提醒着观众，我们都处于一张巨大的动态生命之网中。

"连接河流"是一项沉浸式3D动画无限投影体验项目，带来生动而意义深刻的影像，让观众身临其境。观众沿着河流、穿过河流，在河流上方、之中游览。学习实验室在每次研讨会开始前都会展示这个项目，以提醒大家原居民与这片土地的密切联系：他们自古以来就在这片土地上生存，并照管着它。

（丁晗雪译，王思怡校）

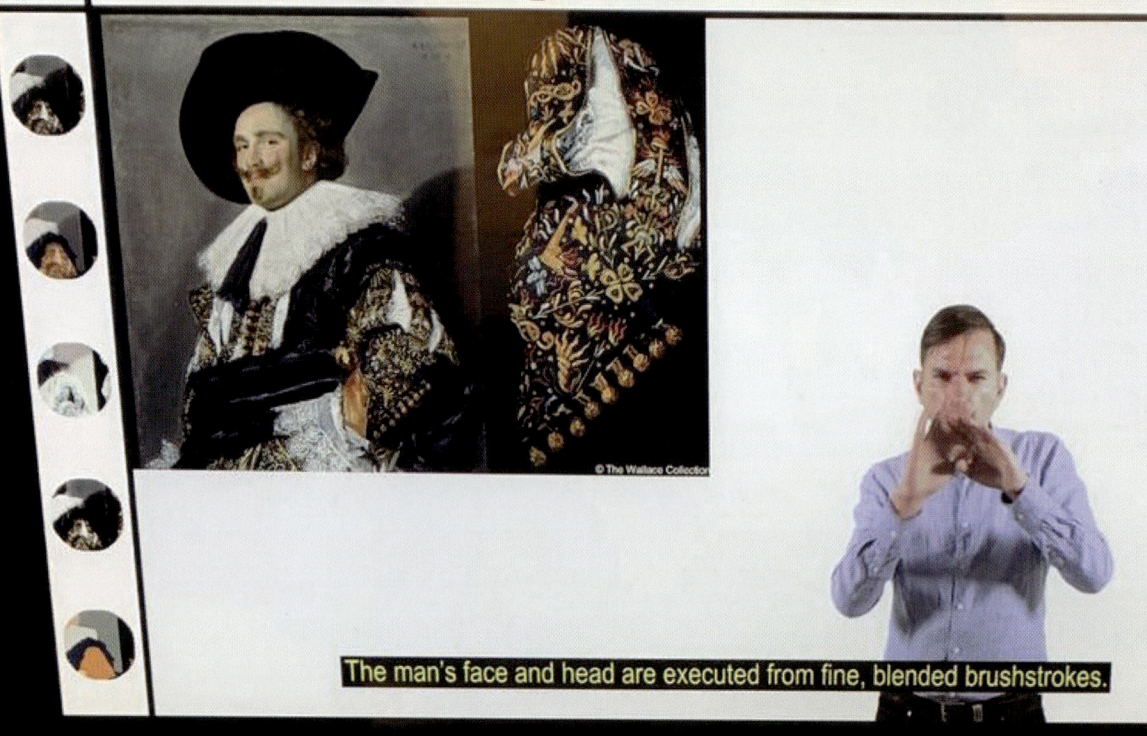

请触摸！ARCHES带来的包容性艺术体验

2020年"活化遗产"应用程序奖

莫里茨·诺伊穆勒（Moritz Neumüller）
ARCHES项目传播主管

↗
www.arches-project.eu
↗
press@arches-project.eu
↗
Artecontacto
Lärchenau 10 4020 Linz
Austria

请触摸！ARCHES带来的包容性艺术体验

从2016年到2019年，十二家欧洲机构（包括博物馆、科技公司和大学）与超过200名残障志愿者合作，其中包括视障人士、听障人士和学习困难者等不同类型的残障人士。在三年的时间里，他们共同参与了在维也纳、伦敦、马德里和奥维耶多的研究，旨在开发技术工具，使艺术表达更加无障碍。

该项目的成果包括三种语言的博物馆手册、博物馆应用程序、在线游戏、新颖的3D浮雕打印机和"请触摸！"（Please Touch!）活动。该项目被开发为博物馆的现场装置，但也可以用于馆外活动，比如在学校和疗养院等。使用定制的浮雕设计软件，通过软件将选定的艺术作品转化为可以触摸的浮雕，并在计算机上呈现，供人们进行交互体验。参观者可以通过探索3D空间音景、投影、动画、书面和口述文本、三种不同的手语以及易语言（easy language）来自主浏览这个系统。

（党倩译，胡凯云校）

CREATE. IMAGINE. DISCOVER.

#SmithsonianOpenAccess

✹ Smithsonian

史密森学会开放访问 | 史密森学会

2020年度MUSEWEB展览或藏品扩展奖
非Web类别

艾菲·卡普萨里斯（Effie Kapsalis）
数字化项目高级专员

瑞安·金（Ryan King）
史密森学会开放访问计划主管

↗ www.si.edu/openaccess
↗ openaccess@si.edu
ryan king, kingr@si.edu
↗ The Smithsonian
1000 Jefferson Dr SW
Washington, Dc 20560
United States

史密森学会开放访问：创造、想象与发现

就在一年多以前，我们将史密森学会173年历史中的280万张2D和3D图像及数据发布至公共平台。这些图像和数据来自史密森学会的19个博物馆，以及9个研究中心、图书馆、档案馆和国家动物园。我们这样做是为了履行史密森学会的使命——"增进和传播知识"。我们希望让这些藏品资料易于被个人下载，并通过我们的API实现大规模访问，让全世界的人们可以探索发现、了解新知识，开展新的艺术和创意项目，帮助我们以不同的方式看待这个世界。

项目的成果没有令我们失望。我们看到了个人创作的电影、诗歌，开展的学生项目和创建的可视化数据。我们看到美国参议员使用这个API向选民展示他们所在州的图像，谷歌等企业利用其辅助艺术和文化项目（Google Arts and Culture program），而像知识共享（Creative Commons）等开放知识组织则将史密森学会的图像纳入了其开放生态系统中。这确实很有启发性，帮助我们以不同的方式看待我们所管理的藏品。

我们原本没有计划在全球疫情暴发三周前开放史密森学会的访问权限，但这场疫情让美国的种族、经济和性别不平等更加严重。在展望史密森学会开放访问项目的下一个阶段时，反思文化遗产的开放程度变得至关重要。我们现在面临的挑战是如何使"开放"变得更加公平。

（党倩译，胡凯云校）

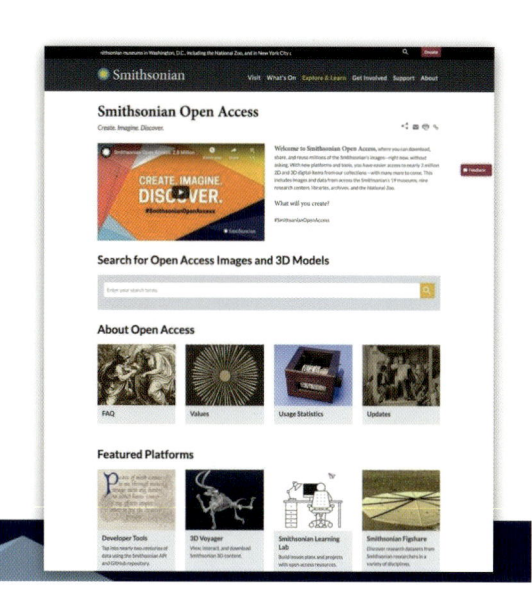

MINECRAFT
Your Museum

COMPETITION FOR 6-11 YEAR OLDS.

national museum wales
amgueddfa cymru

威尔士国家博物馆：
在"我的世界"中建立你的博物馆
2020年家庭友好博物馆最佳社会媒体活动奖

丹妮尔·考威尔（Danielle Cowell）
国立罗马军团博物馆学习、参与和阐释主管

↗
www.museum.wales/learning/resources
↗
danielle.cowell@museumwales.ac.uk
↗
National Roman Legion Museum
High Street, Caerleon
Newport. Np18 1AE UK
United Kingdom

疫情特殊时期家庭最喜欢的项目：在"我的世界"中建立你的博物馆

威尔士国家博物馆由七个博物馆组成，是威尔士最大的提供课外学习的组织。

在疫情中的特殊时期，我们想要接触年轻人，通过有趣的方式来激发他们的创造力并保障福祉。许多家长指出进行家庭教育非常困难，孩子们只对电子游戏感兴趣。"我的世界"是一款公认的具有教育性的电子游戏。在威尔士，政府推出了免费版本的"我的世界"——因此这也是启动"我的世界"相关教育项目的最佳时机。我们在社交媒体上推出了"在'我的世界'中建立你的博物馆"比赛，邀请小学生在"我的世界"中构建他们梦想中的博物馆，奖品是到他们选择的博物馆进行VIP班级旅行。

家庭评委对该项目吸引儿童的注意力、发展儿童想象力的方式印象深刻。"在设计博物馆的过程中，孩子们必须通过研究、合作、发展新技能来呈现他们的博物馆。"

我们收到了数百份作品，来自具有不同社会经济背景和教育需求的参与者，他们非常享受创建自己的博物馆的过程。

参与者创作的作品令人惊叹！这项活动使参与者能够充分发挥才能。因为他们掌控全局，在游戏中成了数字建筑师、策展人和博物馆管理者，并集这些职责于一身。他们创建了最美丽的博物馆、展示了精美的藏品，并考虑到了游客可能需要的一切，包括设置咖啡厅、游乐区和剧场。他们在游戏里创造的这些博物馆富有创意，又非常实用。

（党倩译，胡凯云校）

第三部分
遗产变革：颠覆范式与技术创新

传统与现代：
遗产自身与顺应科技的变革

黄洋

长期以来，遗产都被看成是"古老""传统"的代名词。但世间万物皆可变，没有什么是一成不变的。"古老"也可以是"现代"的，"传统"亦可以是"新潮"的。随着时代的发展，遗产也不可避免地在发生变革。

遗产本身的变革

遗产之所以能够成为遗产，并非一蹴而就，是文化在历史过程中一点点积淀而成。在历史长河中，遗产本身就不断发生变革。博物馆作为收藏遗产最重要的空间之一，"从不曾是中立的"，同样为适应政治、经济等社会发展而变革。《博物馆行动主义》就是在寻求博物馆推动社会、环境和文化变革的方法。北京汽车博物馆倡导的"按标准办馆"理念，使博物馆工作日益规范和专业。博物馆自身都通过变革适应社会，同时实现高质量发展。

成为遗产并非意味着被束之高阁，遗产的价值在于利用，因此遗产通过各种途径变革，贴近公众，为人服务。金沙遗址博物馆的夜间开放、线上展览、与社会力量合作等，都旨在方方面面丰富和融入市民的生活。彼得霍夫博物馆保护区的32个博物馆也积极吸引当地社区的参与。江西省博物馆致力打造的"全民博物馆"，圣费根国家历史博物馆倡导的不是"为"人们而是"和"人们一起去创造，斯基瑟纳斯博物馆旨在打造的可跨界合作和对话的聚会场所，美国国家民权博物馆对当今社区议题的关注，哈默博物馆为资金不足的学校提供艺术教学……这些都是"以人为本"的体现。博物馆不仅服务公众，而且在不断探索如何更好地服务公众。例如，爱沙尼亚建筑博物馆的展览让观众用眼睛、耳朵、皮肤和整个身体的感官进行探索体验。

技术变革中的遗产

随着科技的发展，博物馆用数字化的思维来赋能遗产，发挥遗产价值，真正做到让文物"活起来"，使遗产焕发新的活力。科技赋能遗产，不是简单地相加，而是全面融合，在不断磨合中找到平衡点。

在空降兵博物馆，通过一个平板电脑，观众就可以沉浸式地进入诺曼底的核心区域，回到1944年6月的诺曼底登陆事件中。利用声音、舞台布景、照明和沉浸式技术，"仙境"展充分激发了观众的探索欲和好奇心，观众在数字与模拟融合中可感受爱丽丝的梦幻奇遇。伪满皇宫博物院采用的"6R模式"文物修复，是基于数字化的保存、研究、展览、社会教育、文创活动等业务创新。匈牙利国家博物馆用高度沉浸式的巨型互动"魔墙"来扩展"茜茜公主与匈牙利"展览，使观众可以互动浏览藏品。"阿兹特克"展览通过3D投影让重要艺术品——太阳石"活"起来。这些增强现实/虚拟现实/混合现实（AR/VR/MR）等技术与遗产融合，创造出了更加符合公众需求、更快捷有效的传播方式，使公众在交互体验中感受遗产的魅力。

当下，5G、云计算、人工智能、虚拟现实、区块链、物联网、人机交互等新词层出不穷，科技的发展革新迅速而充满活力。但我们始终要记得遗产可以顺应科技发展，但不能被科技控制，我们要选择最合适的科技而非最前沿、最炫酷的科技。最后，期待随着科技发展，会有更多创新的案例出现。

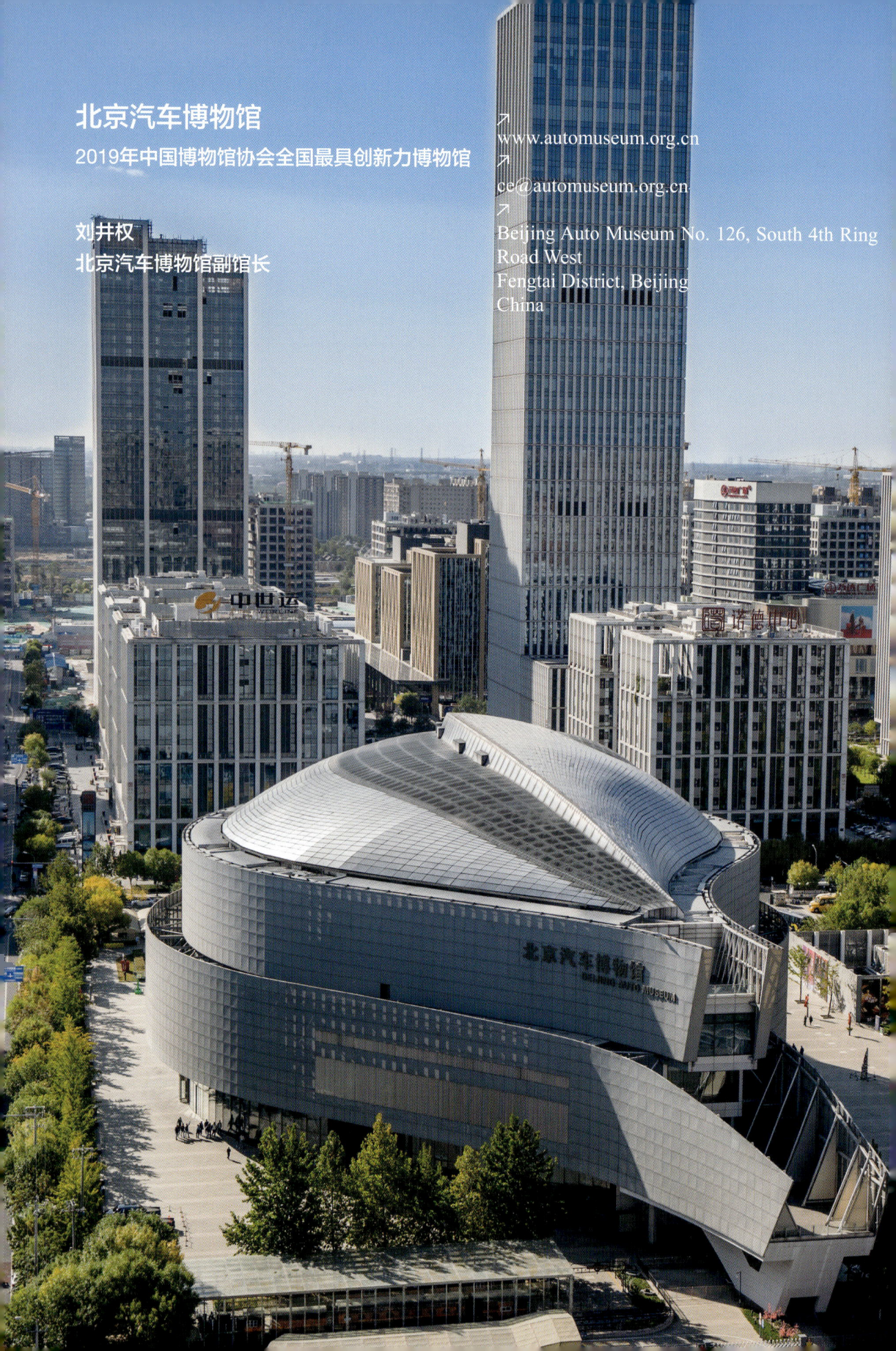

北京汽车博物馆

2019年中国博物馆协会全国最具创新力博物馆

刘井权
北京汽车博物馆副馆长

www.automuseum.org.cn
ce@automuseum.org.cn

Beijing Auto Museum No. 126, South 4th Ring Road West
Fengtai District, Beijing
China

年轻与创新，北京汽车博物馆不断向前迈进

北京汽车博物馆于2011年成立并对外开放，是一个非营利性的、以科技为导向的博物馆。北京汽车博物馆按照"科学-技术-社会"的选题方式，致力于打破国与国、品牌与品牌之间的界限，展示世界汽车百年发展史以及中国汽车工业起步、发展和壮大的历程，揭示汽车工业对人类文明和社会发展的巨大贡献和影响。

在2019年5月18日的"国际博物馆日"，北京汽车博物馆从中国5000多家博物馆中脱颖而出，被中国博物馆协会评为"全国最具创新力博物馆"。作为一个"年轻"的主题博物馆，北京汽车博物馆拥有一支平均年龄34岁的管理团队，在保护文化遗产的同时，不断探索其创新和发展的道路。

按标准办馆，助力博物馆行业服务质量提升

作为中国博物馆界首个国家级服务标准化示范单位，北京汽车博物馆倡导"按标准办馆"的理念，率先探索标准化管理在博物馆管理中的应用。在没有先例可循的情况下，团队经过五年的创新实践，建立了北京汽车博物馆服务标准化管理体系，制定了215项服务标准。标准化管理体系提高了博物馆的服务质量和管理水平，为观众提供了一个温馨而有活力的博物馆。同时，北京汽车博物馆总结了优秀实践，出版了"北京汽车博物馆标准系列丛书"和《博物馆服务标准化实践指南》，并举办了博物馆服务标准化全国培训班，在博物馆行业内分享经验。2018年，北京汽车博物馆牵头起草了《博物馆服务规范》，以此作为北京博物馆的地方服务标准。此举推动了博物馆服务标准化进程，并提升了博物馆行业的整体服务质量。

充分发挥专业博物馆的专题优势，促进科普、文化交流和旅游业综合发展

汽车被誉为"改变世界的机器"，渗透到人类生活的方方面面，其特性为博物馆的科普和文化传播提供了多元视角与广阔空间。北京汽车博物馆充分发挥"汽车"的主题特性和国家AAAA级旅游景区的平台优势，积极探索科普、文化传播和旅游业的综合发展。北京汽车

博物馆立足于汽车的跨界与延伸属性，致力于深化博物馆与公众之间的关联性。为满足各年龄段观众的需求，博物馆开发了100多种以汽车科技、文化、艺术、环保、安全等为主题的教育文化产品，倡导"人-车-社会"的和谐发展理念，努力践行博物馆"为社会及其发展服务"的使命和责任。

同时，博物馆以参观路线为轴心，将文化教育产品植入其中，设计多条主题路线，打造汽车科学实验室、汽车创意工作室、汽车动力竞技场、汽车发明学堂、汽车文化生活体验馆等多元空间。博物馆还推出了以安全、环保、美育、创新、科普等为主题的文化之旅，受到广泛欢迎。每年，博物馆接待60多万名观众，其中约16%是学生，约18%是儿童。

以汽车为媒介，促进中国与世界各国的汽车文化交流

作为现代社会最伟大的发明之一，汽车的发展历程见证了人类突破与创新的历史。北京汽车博物馆以汽车为文化交流的载体，开展中法、中美、中俄、中德、中英文化交流活动，促进与世界各国、各城市、各民族之间的友好往来。以中法汽车文化交流为例。2014年，正值中法建交50周年之际，北京汽车博物馆与法国米卢斯国家汽车博物馆合作，在北京引入"1891—1968法国车身造型：艺术、技术与专业成就图片展"，并策划了在法国举办的"从1949年走来，中国红旗汽车的故事"专题展览。同时，双方就古董车修复技术进行了学术交流。2016年，博物馆举办了"北京-巴黎 不解之缘"中法汽车文化专题展，讲述两个文明之间相互学习的故事。2018年，作为第三届中法文化论坛系列交流活动之一，"中

法技术与艺术交流展"与论坛在北京汽车博物馆举行,两国艺术家和学者进行了文化遗产、教育、艺术、生活等方面的对话,以汽车为媒介促进文化交流与相互学习。

(陈颖琪译,胡凯云校)

哈默博物馆：驻校课堂
2019年美国博物馆协会教育专委会
最佳项目奖

特雷莎·索托（Theresa Sotto）
哈默博物馆学术项目副主管

↗
www.hammer.ucla.edu
↗
info@hammer.ucla.edu
↗
Hammer Museum
10899 Wilshire Blvd.
Los Angeles, CA 90024
United States

在艺术博物馆的五天学习

加州大学洛杉矶分校的哈默博物馆支持那些呈现新视角并试图探索紧迫的文化和社会政治问题的艺术家。作为高校博物馆内的公共艺术机构，哈默博物馆重视跨学科的专业知识、学术严谨性和博物馆领域最佳实践的教育举措。哈默博物馆的K-12学校和教师计划与其使命保持一致：哈默博物馆相信艺术和思想能够照亮我们的生活并建设一个更加公正的世界。其教育计划旨在培养一种个人与艺术之间富有意义的联系，促进与世界的批判性接触，并帮助学校克服资金不足的障碍以获得创造力和艺术学习的机会。

这些目标只能通过长期、持续地参与艺术来实现。大多数学生都体验过一到两个小时的博物馆实地考察，但很少有人有机会在博物馆学习一整周。哈默博物馆的驻校课堂（Classroom-in-Residence at the Hammer，简称CRH）现已进入第八个年头，它为四年级、五年级或六年级的两个班级学生提供连续五天在艺术博物馆学习的机会，就好像这是他们的学校一样。为了准备这一丰富的艺术体验，课堂教师接受了八个月的专业培训。由于该项目采用了沉浸式和变革性学习的创新模式，因此，获得了美国博物馆协会旗下教育专委会的最佳项目奖。

CRH独特的五天学习是该项目成功的关键。新的学习环境可以让学生感到兴奋和刺激，同时这种学习方式也采用了类似于学校授课的模式。第二天学生们就已经适应了在博物馆学习的日常。因此，他们能够更好地专注于个人学习，并快速地与项目人员和艺术建立更深入的联系。由此产生的联系非常独特和动人：学生们对作为艺术家的能力更有信心，其中许多人已能够将个人挑战转化为创造性的艺术作品。一位五年级学生的日记充分体现了该计划的变革性："我喜欢上了艺术，因为它改变了我的生活。它也改变了我对艺术的看法。我非常热爱艺术。"

博物馆、高校和公立学校的独家合作

2012年，CRH开始通过哈默博物馆、加州大学洛杉矶分校艺术与建筑学院视觉与表演艺术教育项目（Visual and Performing Arts Education Program，简称VAPAE）、加州大学洛杉矶分校社区学校和加拿大卡尔加里开放思想项目创始人吉利恩·基德（Gillian Kydd）博士进行合作。开放思想项目为参与的学生提供沉浸式的、为期一周的教学，地点在博物馆、动物园和自然中心等场所。开放思想项目的理念核心是，当你放慢脚步，花时间观察世界时，学习能力就会增强。

在安东尼·珍妮·普利茨克家族基金（Anthony Jeanne Pritzker Family Foundation）以及罗莎琳德和阿瑟·吉尔伯特基金（Rosalinde and Arthur Gilbert Foundation）、雷斯尼克基金（Resnick Foundation）、加州大学洛杉矶分校艺

术与建筑学院的资助下，CRH通过博物馆、大学和洛杉矶联合学区（Los Angeles Unified School District，简称LAUSD）公立学校之间的独家合作，扩展了基德博士为期一周的驻留模式。通过该合作，学生们能够同时从博物馆、高校和课堂教师的专业知识中受益。在驻留期间，学生与博物馆教育工作者一起接触原创艺术作品，从博物馆和大学工作人员那里探索艺术职业，并从最了解学生的人——他们的任课老师那里学习课程，任课老师都接受过培训，他们了解如何将艺术最好地融入人文学科。此外，LAUSD的学生还可以从加州大学洛杉矶分校VAPAE项目的学生那里了解驻校前和驻校后的艺术课程来扩展学习，反过来，VAPAE项目的学生也可以在社区中获得教学经验。因此，这种合作产生的课程计划比任何一方单独开发的课程都要有效得多。

大量LAUSD的学生非常需要这种高质量的艺术指导。LAUSD是美国第二大学区，大约82%的LAUSD学生因其经济状况而可以享受免费或特价餐，并且有超过7000名学生被强制托管。同时，因资源捉襟见肘，LAUSD的艺术教学经常受到预算削减的影响。为了更好地满足学区学生的需求，哈默博物馆和VAPAE项目优先考虑资金不足的学校，目的是为最需要的人提供艺术教学。

教师和学生的变革性学习

选择正确的合作伙伴可以使项目效果达到最佳：学校管理人员愿意支持这种背离传统课程的方式，老师关注自身的专业发展并与学生一同成长。在夏季为期三天的教师培训之后，他们还将在整个学年中接受一对一的艺术综合课程指导。这种定制的专业发展对老师们产生了持久的影响，并最终影响了他们的学生。在实习结束后很长一段时间里，老师们会继续将艺术融入他们的课程，曾经看上去让人难以掌握的技能已经融入了他们的教学实践。

除了参加五天学习的两个班学生和他们的老师外，哈默博物馆还向其他20所学校的老师开放了暑期学院的招生。自项目启动以来，哈默博物馆通过直接参与项目服务了近400名学生，并通过每年开展的教师培训课程间接为5000多名学生提供了帮助。一位参与项目的老师感叹道：

在这个项目之前，我不知道如何将艺术融入我的课堂——我认为艺术是一种独立的、额外的东西，我没有时间或经验去做。现在我可以将艺术融入我所教的任何事物中……而且我几乎每天都在以某种方式融入艺术。这改变了一切！

通过老师与博物馆工作人员的密切合作，他们的学生能够加强批判性思维能力。在整个课程中，学生们将仔细观察多件艺术品，每件艺术品都要花很长时间，他们学习如何对所见事物做出基于证据的推断。一位课堂老师评论道：

我们在展厅和课堂上学习和使用的策略使[学生]以不同的方式思考，以不同的方式给出答案……这不是单纯的第一个举手并给出一个或多个答案，而是让他们对于"是什么"以及"为什么"的一种更加深入的思考。

只有在机构能够优先考虑学习质量而不是学习者数量的情况下，才有可能实现像CRH这样产生显著结果的强化课程。CRH项目证明，如果文化机构真正将时间和资源投入到我们所服务的社区中，就有可能产生变革性的体验。

（李湛译，王思怡校）

彼得霍夫国家博物馆保护区

2019年Intermuseum大奖赛

埃琳娜·诺维科娃—基塔耶娃（Elena Novikova-Kitae）
彼得霍夫国家博物馆教育中心主管

↗
www.en.peterhofmuseum.ru

↗
samsongpeterhofmuseum.ru

Peterhof State Museum-Reserve
Razvodnaya Ulitsa, 2
St Petersburg
Russia, 198516

当博物馆变成大学

彼得霍夫国家博物馆保护区是俄罗斯参观人数最多的景点。2019年，我们接待了超过630万名游客，其中约7%为16岁以下的儿童和青少年。通常，这些游客都是俄罗斯和国外的大众游客（那些来彼得霍夫观赏喷泉的人）。然而，值得注意的是，彼得霍夫博物馆保护区的32个博物馆都具有教育潜力。目前，博物馆保护区的使命之一是深入当地社区，包括圣彼得堡以及博物馆所在地彼得霍夫镇的居民的参与。完成此使命的主要合作伙伴是圣彼得堡第56学院（the Academic Gymnasium No.56 of Saint Petersburg），该学院也是俄罗斯西北地区最重要的综合教育机构之一。

博物馆和学院的合作始于2016年。2019年，该合作项目被提名为莫斯科国际博物馆节（Festival INTERMUSEUM in Moscow）的最佳教育项目，这是俄罗斯最重要的博物馆竞赛之一。这个项目与其他两个获奖项目一起，为彼得霍夫国家博物馆保护区赢得了大奖。

该项目的概念来自当代俄罗斯文化界的关键人物——俄罗斯联邦人民教师、圣彼得堡第56学院理事会主席马雅·皮尔德斯（Maya Pildes）和彼得霍夫国家博物馆保护区的总经理、文化研究博士、教授叶琳娜·卡尔尼茨卡娅（Elena Kalnitskaya）。合作的推动方是谢尔·盖丹尼洛夫（Sergey Danilov）主任和埃琳娜·波利亚谢娃（Elena Polyasheva）副主任领导的学院教育部门。

博物馆的主要工作坊是教育中心的"新农场"（New Farm），那里有13名教师、方法论学者和管理人员经营项目，安娜·利亚什科（Anna Lyashko）和埃琳娜·诺维科娃–基塔耶娃（Elena Novikova-Kitaeva）负责该中心的工作。

博物馆和学校的合作包括会议、展览、媒体项目，也包括必不可少的教育课程。

其中一个有趣的形式是"博物馆专业学校强化课程"（School of Museum Professions. Intensive）。一组高中学生前往彼得霍夫，花费两天时间真正沉浸于博物馆生活。经过两天的培训、导览、博物馆专家主题讲座和小组项目作业后，学生们将共同策划并举办自己的集体展览。

博物馆和学院最主要的合作项目是"彼得霍夫大学"（Peterhof Universities），此项目为4年级、7年级和10年级学生（即小学、初中和高中学生）提供一系列博物馆课程，每个年级每学年组织三次参观。在2018—2019学年期间，共有27个学生小组来到彼得霍夫参观，781名学生则是第三次来到彼得霍夫博物馆。该项目旨在通过基于彼得霍夫展览的历史课教学，

为学生提供博物馆中的工作经验,并让他们尝试分析不同历史时期的原始文物。

这些课程采用不同的形式(包括互动式探险、综合课程、表演和工作坊等),并在不同的场所进行教学,这些场所包括9个博物馆、3个公园以及教育中心的"新农场"。

面向10—11岁的小学生设计的"彼得霍夫的起源"(Peterhof. The Beginning)模块,第一堂课在下公园(Lower Park)和浴室楼(Bathhouse Block)博物馆进行,博物馆专家向学生讲解彼得大帝时期的历史,并帮助他们追溯置于彼得霍夫的18世纪宇宙模型。第二堂课专门探讨彼得大帝的大使团、欧洲新习俗和新技术,这个课程以复合课的形式在"新农场"举行,包含了短片表演和荷兰瓷砖绘画工作坊。最后,学生参观位于斯特雷尔纳(Strelna)的彼得大帝宫殿(Peter the Great's Palace),学习关于旅行传统、交通运输工具及通讯手段如何影响文化发展的展览。

针对13—14岁的中学生设计的"现代发现和发明"(Discoveries and Inventions of the Modern Age)模块涉及了大航海时代、叶卡捷琳娜大帝、现代艺术的象征等内容,参观位于奥兰尼恩堡的中国宫和画廊博物馆。画廊博物馆,特别是其多媒体剧院展示了当时人们对巴洛克节日的高度兴趣,并演示了艺术与工程之间的关系,鼓励青少年思考工程学的重要性以及18世纪末期促进俄罗斯工程学发展的因素。通信技术作为课程的重点,在亚历山大公园的电报站呈现,通过与博物馆的互动展示古老技术,这样的技术与青少年所习惯的现代通信方式形成鲜明对比。

针对16—17岁的高中生课程的主要形式是讨论。"作为权力象征的彼得霍夫"(Peterhof as a Representation of Power)模块鼓励学生们探讨历史事件应如何在博物馆中呈现。他们试图揭示建筑和政治议程之间相互依存的关系,思考彼得霍夫宫殿:马利宫(Marly)、大彼得霍夫宫(Grand Peterhof Palace)和农场宫(the Farm Palace)的案例。通过研究解放者亚历山大二世的传记,鼓励青少年反思历史进程中什么更加重要——环境还是个人?幸运还是专业能力?讨论还涵盖了苏德战争（Great Patriotic War，苏联称为"伟大的卫国战争"）和战后重建的伟大壮举等话题。

"彼得霍夫大学"项目的核心是对历史材料的创造性处理以及对话、沿路游览和追求答案的开放性思维。理论和实践相结合的同时，情感方面也不可忽视。这是一次游览这座城市及其宏伟的宫殿和美丽公园景观的旅行，跟着博物馆教育专家学习的智识之旅代替了常规的跟着导游旅游的经历，使青少年对博物馆的态度发生改变，与博物馆建立更加私人化的连接。

"彼得霍夫大学"项目已经运行了三年，它还包括了其他的教育形式。例如，学生可以在参观之后通过社交网络进行有趣的测试。针对初中生，我们准备了一个基于所有课程信息的大型测试，但是疫情打乱了该计划。

另外，我们不得不放弃一些最初的目标。例如，尽管博物馆专家和学院教师的合作在小组项目工作方面取得了成功，但因为学校繁重的基础课程，使得整个班级的合作难以实现。

博物馆和学院都对项目成果感到满意，这个合作案例揭示了成功的几个关键因素。第一，双方合作伙伴都应该以不断发展为导向，他们应该有准备并有勇气超越标准，并得到博物馆和学院的全力支持。第二，应该与教师合作制定博物馆教育模块。第三，两个机构内的良好规划和管理至关重要。

"彼得霍夫大学"项目是应学院的特定要求创建的。在俄罗斯，没有类似的贯穿学生整个学习生涯的如此大规模的项目。然而，因为有了这个项目，现在博物馆和学院系统合作的概念变得历久弥新且切实可行。该项目在最重要的俄罗斯竞赛之一的莫斯科国际博物馆节（INTERMUSEUM-2019）中获得最佳教育项目奖，对项目的推广起到了重要作用。

（王秋逸译，宋汉泽校）

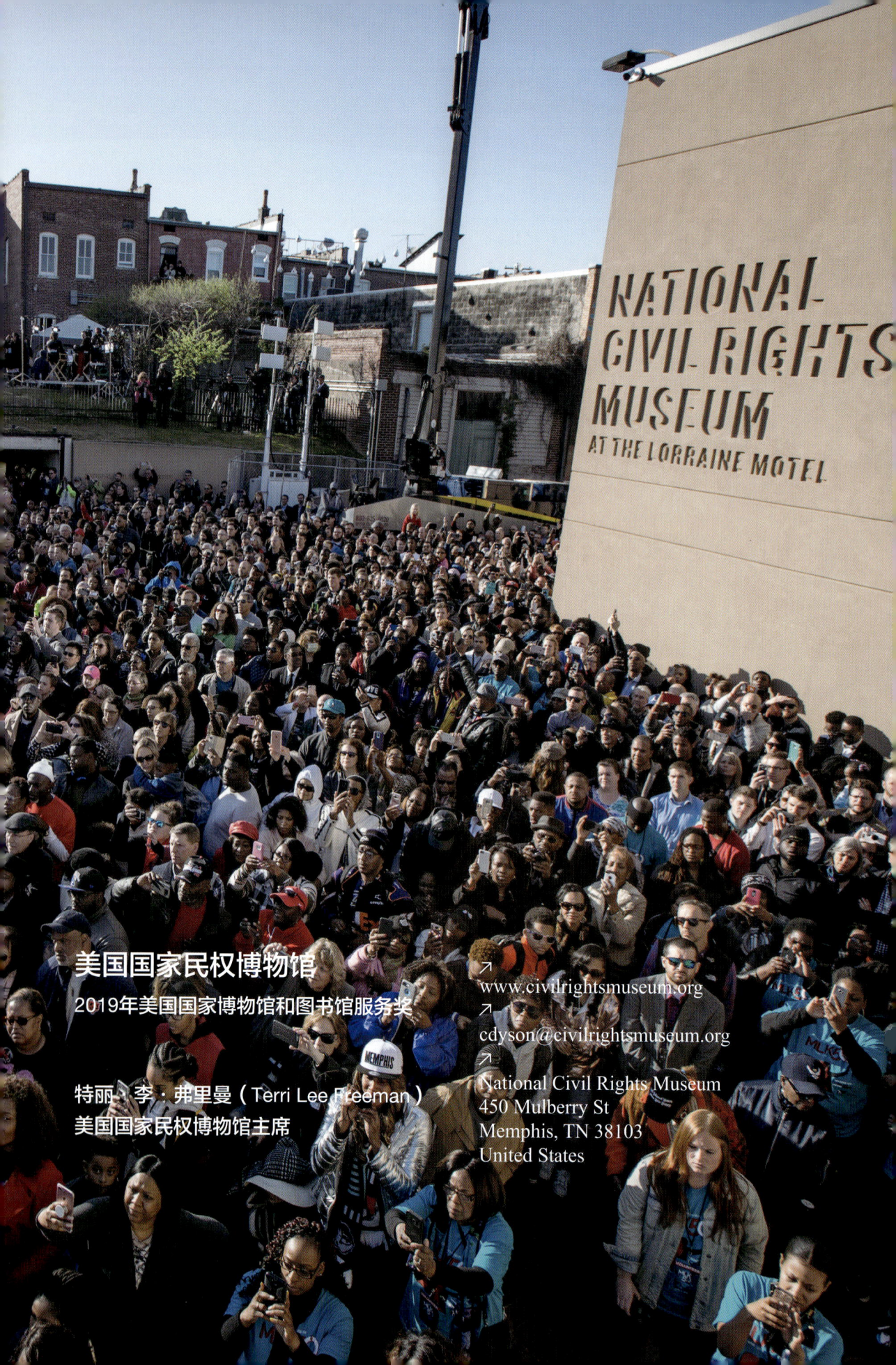

美国国家民权博物馆

2019年美国国家博物馆和图书馆服务奖

特丽·李·弗里曼（Terri Lee Freeman）
美国国家民权博物馆主席

www.civilrightsmuseum.org

cdyson@civilrightsmuseum.org

National Civil Rights Museum
450 Mulberry St
Memphis, TN 38103
United States

MLK50：我们该何去何从？

2018年4月4日是马丁·路德·金博士遇刺50周年，在这个值得被记住、反思和展望的日子，美国国家民权博物馆根据金博士的生平和精神遗产举行了国际纪念活动。于2016年启动的纪念活动向历史、向马丁·路德·金及与其共事的众多示威者致敬，并通过表彰那些肩负着维护公平、正义和自由职责的人来纪念他的精神遗产。纪念活动将过去和现在联系起来，向观众介绍金博士不被人熟知的那一面，并谴责社会遗留的三种罪恶——种族主义、资本主义和军国主义。

活动以金博士生前最后一本著作的标题"我们该何去何从？"（Where Do We Go From Here？）为主题，体现了金与人权运动的相关性。为期一年的纪念活动于2017年4月4日开始，即他发表"越南背后：打破沉寂之时"演讲50周年之际。在这一年里，我们让青年、学者和宗教领袖参与进来，为社区制定既能够体现马丁·路德·金思想精髓，同时也关注当今社区议题的活动，其中大部分内容在金的书中曾有所提及。

我们与孟菲斯的一个青年服务组织和国际良知网站（International Sites of Conscience）合作，举办了一次青年会议，让青年讨论其面临的最紧迫的问题，以及创造积极社会变革的方法。此外，我们还为13—35岁的人群举办了一场诗歌朗诵会，口述表演艺术家（spoken word artist）以"我们该何去何从？"为主题创作了许多作品。分属三个年龄段的6名获奖者获得了750—1500美元不等的现金奖励。

整个中南部及其他地区的信仰团体被动员起来，以威廉·巴伯牧师在北卡罗来纳州的著名集会为模板，举办了一系列名为"道德星期一"（Moral Mondays）的论坛。目前已经举办了四场，每个论坛都含餐，并邀请一位演讲嘉宾或小组成员参加，议题重点是贫困问题。为了支持这些活动，博物馆委托孟菲斯大学对田纳西州谢尔比县（孟菲斯隶属于该县）50年来的贫困状况进行研究。数据显示，尽管贫困问题得到了改善，但这种改善十分缓慢，在50年的时间里，非裔美国人的收入一直是白人的一半。与会者面临的难题是如何在未来50年内消除这些不平等现象。

学者的参与是此次纪念活动的核心。我们成立了一个全国性的学者委员会，学者们被邀请提交围绕金叙述中明确的六大主题（教育、贫穷、工作、住房、正义与和平）的文章，这些文章被发表在我们的网站上。我们还有一个名为"50周行动"（50 Weeks of Action）的项目，通过发布帖子为人们提供他们力所能及的行动指南，这些帖子对议题或者相关概念进行了解析，也为成年人和青少年提供了行动建议。

纪念活动的高潮是2018年4月2日和3日与孟菲斯大学汉弗莱斯学院合作举办的研讨会。一批国家思想领袖向数百名与会者介绍了刑事司法、贫困、教育和劳工等问题。重点活动是2018年4月4日，即金博士遇刺50周年之际，人们进行的反思和纪念活动。我们推出了一个自主策划的展览，名为"纪念金的遗产"（King A Legacy Remembered）。该展览以科雷塔·斯科特·金夫人（Mrs. Coretta Scott King）为中心，建构起马丁·路德·金的精神遗产。当天的活动包括表演、演讲、口述表演艺术以及曾经与金博士一起游行的人们的追忆活动。3万多名观众站在洛林汽车旅馆（现在的国家民权博物馆）的庭院中，聆听詹姆斯·劳森牧师、约翰·刘易斯议员、安德鲁·杨大使、杰西·杰克逊牧师等人的讲话。下午6点01分，在杀害金博士的致命一枪响起的同一时刻，我们敲响了钟声。克莱伯恩教堂是1968年孟菲斯环卫工人罢工的组织基地，该教堂的钟被移到庭院里，一共被敲响39次，纪念金博士享年39岁。这是一项全国乃至国际性的活动，400个地点都在指定时间举行了敲钟活动。

博物馆庭院中的活动以这一庄严的行动作结。但纪念仍在继续，最后的活动是"故事之夜"。该售票活动将民权运动代表人物与反映当代公平和正义运动的新兴发起者联系在一起，以展示两个历史时期之间的连续性。

这些活动的媒体覆盖人群超50.4亿，电视收视量为3668次；广播收听量为343次；印刷和网络点击量为1717次。

国家民权博物馆是美国民权运动中顽强、勇敢和坚持不懈的英雄们的纪念碑。这不仅仅是一个博物馆，更是一个全新的公共广场，挑战社会

中一直存在的不平等现象，并鼓励每个人参与进来，尽各自所能来实现金博士的梦想——使"爱的共同体"（A Beloved Community）成为现实。"我们该何去何从？"这个活动只是一个开始。

（蒋菁译，胡凯云校）

圣费根国家历史博物馆
2019年艺术基金年度博物馆奖

尼亚·威廉斯（Nia Williams）
威尔士国家博物馆学习与参与部门主管

→ www.museum.wales/stfagans
→ ellen.davies@museumwales.ac.uk
→ St Fagans National Museum Of History
Cardiff Cf5 6xb
United Kingdom

圣费根国家历史博物馆
——艺术基金年度博物馆奖

圣费根国家历史博物馆是威尔士最受欢迎的遗产景点之一，也是欧洲最著名的露天博物馆之一。2019年，我们开设了新的展厅和工作坊空间，提升了游客的参观体验，通过这一耗资3000万英镑的重大开发项目，圣费根国家历史博物馆被纳入威尔士国家历史博物馆系统。这一发展主要是为了提升社会效益而非单纯的改造馆建，不是"为"人们而是"和"人们一起创造历史，并将文化民主和公共利益置于工作的中心。在整个改建过程中，博物馆一直保持开放，300多万观众在此期间参观博物馆并见证了博物馆的变化。这个富有想象力的公共项目让约72万人参与其中，由于这一创新方法，圣费根国家历史博物馆在2019年获得了艺术基金年度博物馆奖。

圣费根国家历史博物馆成立于1948年，与英国国民保健服务（National Health Service，简称NHS）和《世界人权宣言》同年问世，是威尔士国家博物馆系统（Amgueddfa Cymru）的七座博物馆之一，旨在通过展示威尔士人民的日常生活来诠释文化。七十年来，我们更加坚定地将文化权利和公众参与作为核心。在制定基于以上权利的工作方针时，我们重点关注三个战略领域：文化参与、文化表征和文化能动性。免票进馆的做法不足以消除障碍和不平等，我们的藏品及对藏品的阐释也并没有实现多元化。我们在努力实现文化民主的过程中，不断探索不同的收藏和规划模式、更具包容性的阐释方法以及使员工多元化的途径。为不同的文化和声音提供共存的平台是复杂的，而且往往存在争议。确保文化机构和决策发言权对于充分实现文化权利至关重要，但要公平公正地获取资源并非没有挑战。我们正在努力建立不同的治理模式，同时作为组织变革的一部分，挑战权力和控制的定位与管理方式。

我们的工作

威尔士各地的人们都参与了圣费根国家历史博物馆新愿景的创造过程。我们咨询了120多个组织，并与年轻人、艺术家、手工艺人、教师、学者和社区团体合作重构了博物馆。大家一起确定新的空间和内容、收集藏品、围绕藏品展开叙事、参与建设工作。我们建立了新的长期合作伙伴关系，特别是与那些支持弱势群体的组织建立了合作。

开发项目成为一个吸引所有年龄和背景的人参与的大型公共项目。该项目涉及3000多名志愿者、实习生和学徒，许多参与者都是失业、无家可归或正在从滥用药物状态中恢复的人。合作伙伴对博物馆工作人员进行了培训，并共同推进了提升信心、技能、健康和福祉的举措。该项目吸引了9万多名学生，为他们提供了另一种户外学习体验。作为招标评估的一部

分，建筑公司需要提供能够帮助提升当地人技能和知识的社区福利计划。仅此一项就为威尔士乃至英国经济提供了2700万英镑的总投资。

通过征集威尔士国家考古和历史藏品，我们将博物馆的叙事时间线延长了23万年以上。博物馆新建了三个展厅，并通过对主楼建筑的美化与重新诠释来提升观众体验。这使专门的学习空间扩充了八倍，并增加了两个新的考古建筑。重建的中世纪庭院（Llys Llywelyn）为学龄儿童提供了与众不同的夜间参观体验。令人惊叹的新建筑Gweithdy（威尔士语中意为"工作室"）是一个新的国家创意和工艺技能中心，观众可以在里面进行创作体验。孩子们可以在户外活动区玩耍，这个区域由艺术家尼尔斯·诺尔曼（Nils Norman）与年轻人合作设计，这也成为对国家收藏的有趣回应。

我们的经验与未来

文化是一个流动的过程，新的空间和展厅使博物馆能够不断发展并提供当代相关性，强调所有生命的重要性，与每一个人都息息相关。作为我们的外部社区合作组织，多元论坛（Diversity Forum）为博物馆开发的各方面提供了建议，因为我们承认博物馆所收集的藏品不够多元化。多元论坛发现在威尔士，残疾人和黑人社区的代表性最为薄弱，因此我们目前正在优先考虑这些领域的工作。当我们与威尔士的黑人社区站在一起，宣布"黑人的命也是命"这一口号时，我们认识到博物馆的部分藏品根植于殖民主义和种族主义。博物馆还有很长的路要走，但与社区合作伙伴和青年遗产领袖一道，博物馆正在使收藏多样化，增加其代表性，并为强调去殖民化、不平等和种族主义的对话做出贡献。

我们已经认识到，参与本身并非目的。作为一家博物馆，我们的运作方式和为观众提供的体验同样重要。小小的改变也能带来不同。这一发展让我们有机会在所有工作领域尝试不同的合作模式。令人遗憾的是，我们没有将纵向研究计划与这项工作结合起来以发现更加有效的方式。令人信任、平等的伙伴关系需要时间建立，积极的协作方式使得我们能够更加集中、最大限度地运用专业知识，并认识到共享权力比机构控制更有效。通过对社会正义的关注和对社会不平等的认识，我们与弱势群体的深入接触开辟了看待和构建藏品的新方式。在未来的举措中，我们将确保社区利益成为外部招标要求的一部分，并将更多地考虑基础经济方法。这将推动本地的工作和技能的发展。

疫情在短短几个月内就极大地改变了我们所生活的世界。博物馆的用户和观众的需求发生了明显变化。我们已经开始与合作伙伴一起考虑如何才能最好地支持和服务威尔士的社区，并帮助人们在这个充满挑战的时期了解正在发生的事情。作为国家博物馆，我们有责任代表威尔士不断变化的文化表征，因为现在比以往任何时候都更需要我们在保护威尔士不同民族的文化权利方面发挥作用。我们已经建成了一座可以让威尔士在国际舞台上引以为豪的博物馆。

（李湛译，王思怡校）

斯基瑟纳斯博物馆

瑞典博物馆协会/国际博物馆协会2019年度
瑞典博物馆奖

帕特里克·阿姆塞勒姆（Patrick Amsellem）
斯基瑟纳斯博物馆馆长

www.skissernasmuseum.se

info@skissernasmuseum.lu.se

Skissernas Museum
Finngatan 2
22362 Lund
Sweden

重塑艺术博物馆
——一个整体的方法

斯基瑟纳斯博物馆是一个展现艺术创作过程和公共艺术的博物馆。自1934年成立以来，它收集了用不同材料创作的公共艺术品，这些公共艺术品将被置于公共空间，例如广场、市政厅、学校、法院和其他公共场所。该博物馆是隆德大学（Lund University）的一部分，其数量庞大的藏品包括索尼娅·德劳内（Sonia Delaunay）、迭戈·里维拉（Diego Rivera）和亨利·马蒂斯（Henri Matisse）等艺术家创作的作品。艺术家的作品草图可以让我们了解他们的工作方式，包括如何发挥和探寻创意想法，以及了解艺术作品是如何一步步形成的。除了强调草图和模型作为创作工具的重要性外，这些藏品还反映了艺术与社会之间的关系，并有助于我们理解公共空间设计背后的复杂过程。

2019年，因"在理论和实践中展示了创新和战略性的整体视角"而被评为瑞典年度博物馆，这一奖项是在完成大刀阔斧的转型项目之后获得的。该项目始于2012年，涵盖了博物馆体验的方方面面，包括基础设施、藏品管理和组织结构，旨在打造一个更直观、易接近且相关性更强的可跨界合作和对话的聚会场所。我们的目标是降低博物馆的参观门槛，活化藏品并使许多故事变得生动而富有意义，适应我们这个时代以及更广泛、更年轻的观众群体，同时仍然对长期的忠实拥趸保有吸引力。

除了在博物馆团队中树立牢固的愿景，在此过程中与当地社区建立信任也是核心任务。这一点尤为重要，因为项目的大部分资金都来自个人和基金会的捐赠，这样的方式在瑞典非同寻常。项目完成后的财务可持续性，即在项目完成后继续运营博物馆的能力至关重要。

该项目可以分为两个阶段。第一阶段从2012年推出愿景到2017年1月博物馆重新开放，经过一年半的关闭，（这一阶段）可以进一步分为三个同样重要的部分：建筑扩展、改造，藏品管理以及与观众体验相关的所有事项。

新建的宽敞大厅使得博物馆在城市中更显眼，博物馆能够接待更多的游客，也能被用于开展项目和活动。邻近的餐厅有舒适的户外座位，是广受欢迎的新增设施。我们还通过改造内部庭院扩建新的公共活动空间。扩建工程完全由私人捐款资助，改变了我们与观众互动的方式，并在2017年被授予瑞典最负盛名的建筑奖。

藏品管理的专业化是该项目不可或缺的部分。我们已经将3万多件藏品数字化、开发数据库，以及启用数据库和档案保管处来重新安置藏品。该项目主要由基金会资助。博物馆档案和艺术家信件收藏的庞大的数字化工作，以及将博物馆的数据库与国家和国际数据库连接起来的工作正在持续进行。

国际展厅 约翰·皮尔森（Johan Persson）摄

第三部分是通过新的展览设计、更充分的照明和全新的阐释资料对藏品进行整体重新布置。该展览鼓励观众以新的方式看待艺术与社会之间的关系，并涵盖更多女性艺术家的作品。社交媒体战略以及新的网站和界面设计使线上博物馆触手可及。此外，博物馆还重组了观众服务团队，保证其中所有负责接待和引导游客的工作人员都拥有艺术史学位（其中许多拥有硕士学位）。

该项目的第二阶段始于2017年博物馆重新开放时，涉及临时展览项目、教育项目和其他公共项目的开发。新的形式使我们能够吸引比以往更多的观众，尤其是25岁以下的年轻人。参观人数因此增长了一倍以上。这从一开始就对博物馆的人员配备构成了挑战，并需要我们仔细思考如何充分利用有限的资源。

临时展览与博物馆的展示重点有关。以"记忆至上"（Memory Matters）展览为例，一些国际艺术家展示了艺术呈现历史的多样视角，并呈现了被压抑、边缘化或消声的记忆。这样的视角与当代关于纪念物和纪念碑的辩论有关，而两者都是公共艺术的重要类别。这个主题为我们与大学各学院以及当地高中开展广泛合作提供了绝佳机会，我们也考虑将此模式推行到更多的展览中。

教育项目与藏品和临时展览都有联系。在正常（无疫情）情况下，我们每年提供数百次公共导览服务。除了普通的导览，我们还开发了多主题的收藏导览，如政治和艺术自由、历史上的女性艺术家、公共艺术和不满情绪等主题。此外，我们还与来自不同大学院系的学生导览员合作，让学生们以自己的方式诠释藏品的主题，并因其不同的背景而提供全新的视角。

创意工作室为儿童、年轻人和成年人提供活动场所。在藏品和临时展览的启发下，每个参与者都有机会探索自己的创作过程。博物馆还提供所有教育阶段的学校课程。这些项目为他们提

斯基瑟纳斯之夜 约翰·皮尔森摄

供了关于历史和当代主题的观点，如"艺术和权力""记忆和权力""值得在公共空间中被纪念的人物"等主题。

斯基瑟纳斯博物馆的其余项目遵循三种形式。"棕袋午餐"（Brown Bag Lunches）是一个双周举行的系列活动，博物馆邀请来自不同专业领域的嘉宾，从艺术家、作家到研究人员和企业家，来进行创作过程的讨论。观众可以一边倾听这些富有启发性的半小时谈话，一边享用自己打包的午餐。

每个周四晚上，博物馆总是会安排一些活动：小组讨论、艺术家演讲、新书发布、研讨会、电影放映和音乐会等，这些活动塑造了博物馆在重点领域的形象，其中许多活动是通过合作举办的。

"斯基瑟纳斯之夜"（Skissernas Night）在每年的某几个周五晚上举办，吸引了成千上万的游客。活动免费入场，内容丰富多样：与知名作家、建筑师、艺术家和电影制作人对话；举行国内外知名的音乐表演；参与创意研讨会和倾听关于艺术的对谈。这样的活动激活了整个博物馆，其温馨的环境将不同年龄段的人聚集在一起。许多观众都是在这些夜晚首次接触这个博物馆的。

如何满足新观众、使艺术体验与每个人息息相关是当今博物馆面临的两个最重要的挑战。博物馆可以吸引观众、唤起观众的好奇心、传播知识，以及提出问题并开启艺术与我们自身、与社会之间关系的新视角，这些都是斯基瑟纳斯博物馆将要努力实现的目标。

（蒋菁译，胡凯云校）

爱沙尼亚建筑博物馆：探索空间！

2019年爱沙尼亚博物馆常设展览奖

特林·奥加里（Triin Ojari）
爱沙尼亚建筑博物馆馆长

卡德里·克莱门蒂（Kadri Klementi）
建筑学校创始人

↗
www.arhitektuurimuuseum.ee
www.motoragency.eu
↗
triin.ojari@arhitektuurimuuseum.ee
Kadri@b210.ee
↗
Museum of Estonian Architecture
Ahtri 2
10151 Tallinn
Estonia

触摸、嗅闻和攀爬的展览

欢迎来到建筑世界！实际上，您一直身处于建筑中，甚至从出生开始就始终如此。建筑是人类创造的所有空间，包括房间、房屋、街道、公园、广场和整个城市。这个展览为您提供了丰富的感官体验，请您用眼睛、耳朵、皮肤和整个身体来探索展览空间。这让您感觉如何？

在爱沙尼亚，高质量的专业建筑和低水平普及程度之间存在巨大的差距。空间教育应该用来填补儿童教育领域的空白，因为这些儿童也许会成为未来的决策者和委托建造新建筑的客户。众所周知，好的建筑通常需要聪明的客户。我们已经迈出了空间教育的第一步：国家课程包含为中学生开设的选修课"作为生活环境的建筑"；为学龄儿童和青少年开设的业余建筑学校已经进入了第十季，其教师（建筑师）也在普通学校授课。建筑学校的课程在建筑博物馆进行，学生可以直接接触到建筑模型、展览和历史博物馆建筑本身——建于20世纪初的石灰岩杰作。

爱沙尼亚建筑博物馆的最新常设展览是教育儿童探索空间和领会建筑本质的合理延续。展览位于博物馆的拱形地下室，遵循建筑学校领导人卡德里·克莱门蒂（Kadri Klementi）、凯尔·诺姆（Kaire Nomm）和卡特琳·库夫（Katrin Koov）的概念和教学经验，提供不同的感官刺激，并邀请人们用整个身体去体验建筑。光线设计在展览中扮演了重要角色，光与影的互动凸显了储盐室的古老拱顶和红砖柱，这些结构被一层永久性的盐壳所覆盖。展览的入口处是一件独特的空间"反射"（Reflexio）装置，由格蕾特·维斯基瓦利（Grete Veskiväli）、克里斯塔·丁特雷（Krista Dintere）和鲁塔·帕里昂尼特（Ruta Palionyte）设计，镜面地板和灯光扩展了观者的感知边界和物理空间概念。从天花板上悬挂的丝带森林则给观众提供了完全不同的体验，走进去你会找到一个可以独处的球形安全巢（safe nest）。各种展品引导孩子们识别不同的建筑材料和结构，思考房屋的"循环系统"以及不同房间里的特定气味。博物馆内有管道供爬行，还设有动画书，当人们翻开动画书的页面时，房间、街道和整个城市都会活起来。博物馆建筑本身的剖面模型是一个很好的教具，能够直观呈现不同楼层的构造系统，从而体现建筑物的基本结构。展览引导儿童通过审视城市和自然环境中的房屋内外结构来思考空间。与从事物理空间创造的专业人士的视频采访（如建筑师、室内设计师、工程师、建筑师、虚拟现实设计师等）为展览添加了信息层，反映了建筑的多面性。

此外，建筑学院的学生也参与了展览设计，分享他们喜欢的空间以及在建筑中发现的有趣事物。一些展品就是根据他们的想法设计

的，如大木制球，人们可以爬进去倾听大自然中的不同声音。一些简单的软立方体也非常受年轻观众欢迎，观众可以用它们搭建塔、墙或者随便扔来扔去——有时候这些最基本的东西就足够吸引人。

展览涵盖了建筑的各个方面，从概念、材料到实际空间体验。在作者的愿景里，对建筑物进行游戏化设计及直接体验可以让年轻人自然地产生对建筑的兴趣和身体记忆，这将吸引他们在未来更多地关注周围环境，引发他们对生活中可能出现的问题进行思考。同时，展览邀请他们就良好的空间解决方案和未来生活环境的改进展开辩论，尤其是那些需要专家指导或信息更新的领域。

"探索空间！"（Explore the Space！）儿童教育展览是爱沙尼亚首个此类展览，为更广泛的空间教育发展活动提供了重要的构建模块。

构思和设计：卡德里·克莱门蒂，卡特琳·库夫，凯尔·诺姆

技术实现：Motor技术团队

插画师：蒂尔·斯特劳斯

平面设计师：马里斯·卡斯克曼

展览建设：Siltau系统

协调员：特林·奥加里（爱沙尼亚建筑博物馆）

灯光管理：瓦洛·雷恩

"Reflexio"装置：格蕾特·维斯基瓦利，克里斯塔·丁特雷，鲁塔·帕里昂尼特

"Reflexio"是一个想象空间的装置，挑战了空间表现的感知基础。该装置的设计理念是

2015年在波罗的海"光之链"夏季学校活动期间创建的。

（王秋逸译，宋汉泽校）

空降兵博物馆数字历史平板电脑

2019年AVICOM增强现实技术（AR技术）金奖

玛佳莉·马莱（Magali Mallet）
法国圣梅尔艾格里空降兵博物馆馆长

↗
www.airborne-museum.org

infos@airborne-museum.org

↗
Airbore Museum
14, rue Eisenhower
50480 Sainte-Mere-Eglise
France

Temporary Hospital reconstructed in 3D

与空降兵博物馆数字历史平板一起沉浸在历史中

　　自2016年起，空降兵博物馆一直致力于使用新技术作为传递历史记忆的工具。其中增强现实技术（AR技术）的应用提升了博物馆的吸引力，也提高了观众的满意度。

　　2016年，空降兵博物馆推出了一款智能手机应用程序，但其下载量并未达到预期。为了实现更高的目标，空降兵博物馆与法国科技公司"历史发现"（Histovery）合作，于2019年推出了数字历史平板电脑（HistoPad）：每位观众都可以使用该设备，沉浸式地进入诺曼底的核心区域，回望1944年6月的诺曼底登陆事件。

　　诺曼底登陆这一关键事件的3D重建，不仅得到了科学委员会的认可，也使得每一位观众都能够了解并重温这段历史，观众们可以在这与二战时期的许多物品和文物进行数字互动，参与文物搜寻等活动。

　　这项体验包含在门票（9.9欧元）中，有6种语言的版本以及1种适用于残障人士的版本，它为所有观众提供了具有包容性的参观体验。该服务的其他优势包括：融资模式、长效合作机制、HistoPad背后的客户关系管理系统（CRM），这个系统可以通过自动发送电子邮件更好地了解观众，并与他们建立联系。HistoPad对展览贡献非凡，使博物馆在国际上占有一席之地。

　　特别是对年轻一代来说，HistoPad作为一种优质媒介，有助于观众们铭记历史、传承记忆。

（练文婷译，宋汉泽校）

匈牙利国家博物馆：茜茜公主与
匈牙利魔墙巡回展

国际博协视听、新技术与社交媒体委员会
（AVICOM）多媒体视听 2019年大奖
AVICOM克劳德·尼科尔·霍卡尔德奖

↗
www.mnm.hu
↗
mnm@mnm.hu
↗
Hungarian National Museum
Múzeum Blvd 14-16.
1088 Budapest
Hungary

拜奈代克·沃尔高（Benedek Varga）
匈牙利国家博物馆馆长

将博物馆藏品带给远程观众

巡回展览是让博物馆藏品更接近远程观众的好方法，尤其是对那些跨越国界和洲际的观众来说。将珍贵的文物从监管良好的固定保护环境中取出会带来巨大的风险，这就是为什么我们匈牙利国家博物馆在2017—2018年的中国巡展中选择使用高度沉浸式的巨型互动"魔墙"（Magic Walls）来扩展和补充我们的实体展览"茜茜公主与匈牙利"（Sissi and Hungary），这也是我们第一次在国际交流展览中使用数字技术。通过这个展览，我们在4个博物馆向270多万观众展示了匈牙利300年的历史。数字技术使观众可以同时观看数百件高清的文物、阅读与其相关的有趣故事，观众还能使用移动设备将所有数字内容带回家。魔墙平均每天有近4000名参观者使用，最多的一天有6000名参观者参与互动，总共产生了数百万次下载。此外，匈牙利国家博物馆还利用数字技术收集了大量观展反馈和观众行为的相关数据，包括文物的受欢迎程度、观众访问次数和重复访问次数，以及其他统计信息。这种观众统计数据对于提升策展工作十分宝贵。"魔墙"的使用在中国掀起了一场遗产保护的革命，有数百家博物馆选择使用"魔墙"在国内外展览中展出他们的藏品。

（蒋菁译，胡凯云校）

澳大利亚动态影像中心："仙境"展

2019年GLAMI[1]（美术馆、图书馆、档案馆和博物馆创新）奖

阿纳特·梅丽（Anat Meiri）
澳大利亚动态影像中心巡回展览主管

www.acmi.net.au

anat.meiri@acmi.net.au

Australian Centre For Moving Image
Acmi, Federation Square, Melbourne
Australia

想象一个一切皆有可能的奇妙世界

这是一个数字技术与模拟场景融合的盛大展览，它通过刘易斯·卡罗尔的魔幻而经久不衰的故事《爱丽丝梦游仙境》，来赞颂叙事和电影图像的力量。"仙境"展览带领观众踏上一次独特的沉浸之旅，让人们身临其境地享受奇妙体验。

该展览于2018年在澳大利亚动态影像中心（Australian Centre for the Moving Image，简称ACMI）首次亮相，集合了一系列精彩的幕后资料，呈现了爱丽丝这一形象在不同时间、文化和媒体中的影响。这个完全原创的展览将ACMI丰富的策展经验、技术和创意专长与澳大利亚行业领先的合作伙伴团队结合起来，展现了从前电影时代[2]、默片到动画、木偶戏、实景和CGI（Computer-generated imagery的简称，即三维动画，又称3D动画）的特效演变，并且在展厅中打造出一个引人入胜的交互性体验区域。

"仙境"的戏剧环境设计和建造场景集声音、舞台布景、照明和沉浸式技术于一体，充分激发了观众的探索欲和好奇心。参观者可以穿越魔幻的卡罗尔式故事世界——这是一个沉浸式3D打印、360度投影映射的房间。他们在里面"跌入兔子洞"，探索"门厅"；或在"疯帽子茶会"上就座，参与皇后球场上的纸张数字活动；或者沉浸于1800–18屏幕同步的视频艺术作品中，欣赏爱丽丝在流行文化中的形象。

仙境茶话会 ©菲比·鲍威尔（Phoebe Powel）

在"失落的仙境地图"的指引下，观众可以解锁更多的秘密、故事和谜题。该地图是对传统展览指南的创新和想象，它将古老的叙事风格与隐藏的NFC（Near Field Communication，即"近场通信"，又称"近距离无线通信"）数字技术相结合，为观众提供一个充满惊喜、发人深省和奇妙无穷的电子导览体验。

（练文婷译，宋汉泽校）

译注：

[1] GLAMI奖被称为文博行业的格莱美奖，评选对象包括博物馆、美术馆、图书馆和档案馆等行业的信息化和数字化项目。

[2] 前电影（Pre-cinema）是指电影诞生之前的影像娱乐形式，包括幻灯片（如万花筒等）、皮影子戏、玩偶具剧、机械剧场等。这些形式在19世纪和20世纪初非常流行，是电影产业发展的重要前身和基础。

江西省博物馆
2020年中国博物馆协会全国最具创新力博物馆

管理
江西省博物馆馆长

↗
www.jxmuseum.cn
↗
504887924@qq.com
↗
Jiangxi Provincial Museum
2 Xinzhou Road
Nanchang, Jiangxi province
China

力争突破，锐意进取，成就伟业

在新馆建成以来的第一个"5·18"国际博物馆日，江西省博物馆（简称"江西省博"）荣膺"2020年全国最具创新力博物馆"。凭借概念性、创意性、愉悦性的展览，以及团结一致的精神，江西省博以高品质、专业化、热情好客的服务，奋力突破，成就不凡。

创新打造新场馆的理念

在筹备之初，我们就采取了"让社会参与，汇聚智慧和力量"的思路，通过开展一系列活动，共同打造"全民博物馆"。此外，全新的"8+3"展览体系，展现了彰显本土精神的江西文化全景。我们努力践行"为知识收藏，为教育展览"的宗旨，在讲好江西故事的同时，为观众提供专业的服务。

江西省博拥有8.6万平方米的建筑面积，是华中地区规模最大的博物馆之一。这座位于赣江江畔的新场馆历时三年建成，现已投入试运行。作为江西省新的文化地标，新馆提供智能票务、室内导览、实时监控等公共信息服务，其功能区包括学术报告厅、儿童教育部、文创产品展区等公共服务区。江西省博正逐步转型成为集高水平科研、文物保护、创新服务于一体的现代化智能型博物馆。

江西省博物馆新馆开幕仪式

创新馆藏路径，丰富专业展览

我们拓宽收藏范围，丰富收藏种类，更加注重当代藏品，努力留住地方集体记忆。我们立足地域文化，并以此为契机，倡议江西省69位国家级陶瓷工艺美术大师、陶瓷艺术名家、陶瓷工艺美术教授、国家级非物质文化遗产传承人捐赠代表作440件，号召优秀青年陶瓷艺术家捐赠1308件，组成"当代陶瓷艺术家作品展"。这些活动共同体现了江西现代陶艺艺术的巅峰特色，以及展现了展览与时代、教育与生活的更好衔接。

同时，我们在省级博物馆中率先收集疫情时期的资料，并建立了全面整合的机制，引导全社会无偿捐赠相关物品。此机制覆盖范围广，包括医院、社区、红十字会、学校、快递公司等。收

集的内容种类多样,包括抗疫的承诺书、签名防护服、社区通行证、标语、一线工作照片、视频、横幅等。一系列捐赠活动,推动产生了良性的博物馆收藏机制,形成全社会支持博物馆的良好氛围。

创新宣传方式,整合媒体传播

江西省博多措并举、多维度联动、结合线上线下进行宣传工作,有效利用全媒体平台,创新"自媒体"运营理念,挖掘博物馆亮点,不断呈现优质原创内容。我们精准定位各平台特色,聚焦展览特色,抓住新馆投入使用的契机,弘扬江西文化,打造江西省博物馆充满内涵、魅力的新形象。

目前,江西省博旗下拥有7个宣传媒体平台,包括官方网站、微信、微博、绿洲、抖音、快手、哔哩哔哩,并在这些平台开设了展览预热、深度阅读、"何以江西"展览攻略、短视频系列#文物一分钟#、标签为"江西省博物馆"的超级话题等多个栏目,内容和形式都十分丰富,吸引了大众对江西历史文化的讨论和学习,从而增强文化自信。与此同时,我们加强了与江西省内乃至全国文博界、媒体界以及其他行业从业人员的广泛联系,交流的广度和深度得到加强,促进沟通、互动、认同能力的提升。

创新志愿服务,深化公众参与

江西省博物馆志愿者团队是国内第一个深度参与展览策划的组织。这支高学历、专业化的团队,凭借自身的能力和优势,在展览全程开展志愿工作。从台前到幕后、从线上到线下的宣传活

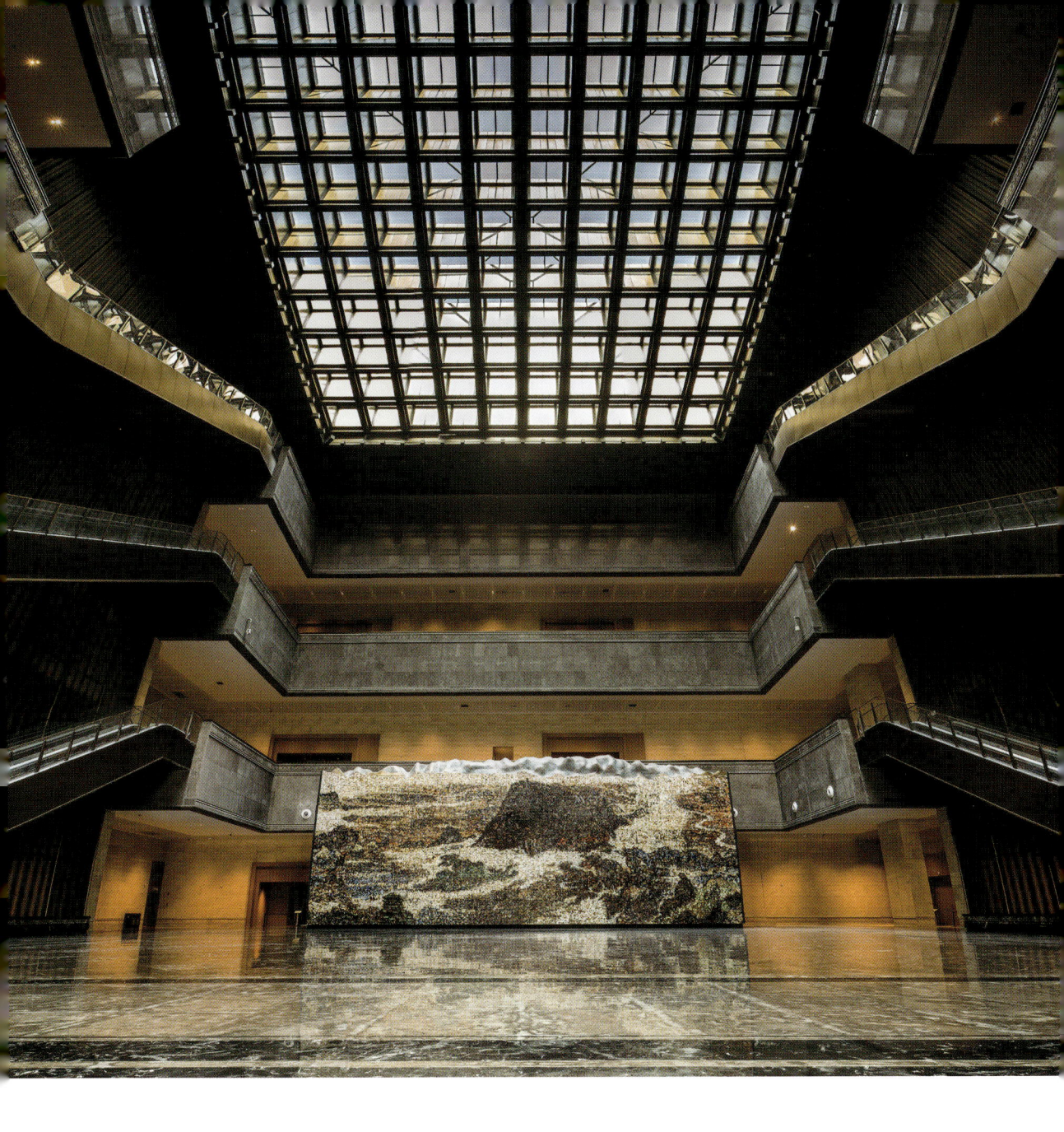

动中，他们都从不同角度创造性地开展志愿者工作，参与展览大纲策划、教育宣传、专栏撰写、志愿者微博运营等工作，深入挖掘展览的内涵和外延，从而为博物馆多元化的公共服务提供更多可能。

志愿者团队积极探索和拓展博物馆原有的展陈内涵，以弘扬传统文化为己任，不断扩大展览影响，传播中华优秀传统文化。他们为社会深度参与博物馆志愿服务提供了参考范例，从而形成志愿服务的新路径。

（李湛译，王思怡校）

金沙遗址博物馆
2020年中国博物馆协会全国最具创新力博物馆

朱章义
金沙遗址博物馆馆长

↗
www.jinshasitemuseum.com
↗
cdjsbwg@jinshasitemuseum.com
↗
Jinsha Site Museum
No.2 Jinshayizhi Road
Qingyang District
Chengdu, Sichuan 610000
China

博物馆与城市的和谐共生

金沙遗址博物馆位于中国国宝熊猫的故乡——成都，是国家一级博物馆，也是中国第一批国家考古遗址公园，建于金沙考古遗址之上，展现了三千年前古蜀文明的辉煌。博物馆的核心使命是通过金沙考古遗址帮助人们了解成都的历史及其文化精髓。

通过展览讲述城市故事

2001年，金沙遗址的发现将成都城市史提前到3000年前，该遗址不仅是成都市历史的开端，还为解开三星堆文明衰落之谜提供了关键证据，当年被评为中国"十大考古发现"之一，2006年被评为全国重点文物保护单位。金沙遗址博物馆保留了考古遗址的核心区域——古蜀国的大型祭祀场所，观众置身场馆可以了解考古发掘和原址保护的过程。博物馆展示了大型宫殿基址、灰坑、墓葬等重要遗迹，以及金面具、金冠带、十节玉琮、跪立人像等重要文物，呈现古蜀国的社会生活和精神信仰。博物馆建筑外植被茂密，构成一个风景秀丽的博物馆公园。自开馆以来，金沙遗址博物馆一直被成都人誉为休闲娱乐首选的遗址公园，被外国游客票选为"2014年中国十大热门博物馆"

遗产变革：颠覆范式与技术创新

之一，在2015年度精英颁奖典礼上被国际旅游联合会授予"最佳遗址博物馆"称号。

通过活动连接城市和公众

博物馆充分结合了金沙遗址的文化特性，举办各类活动帮助观众更好地了解金沙遗址和成都的文化和历史。首先，金沙遗址博物馆是中国第一个推出夜间开放计划的博物馆，因为夜间参观有着独特的吸引力和影响力。博物馆在过年期间组织了灯会、庙会、传统表演和互动游戏，20天内吸引了近60万观众。除此之外，博物馆还会在暑期举办音乐会、诗歌朗诵、话剧和公益活动。其次，金沙遗址博物馆注重与社会力量的合作，将金沙文化深深融入市民的生活。在地铁、车站、学校中的儿童博物馆，以及音乐、小说、电影和游戏中，金沙元素随处可见。数据显示，每年有超过10万名学生参观博物馆。金沙遗址博物馆也深受年轻人的喜爱，他们在社交媒体上分享自己的参观过程。博物馆也有着舒适的环境，许多市民在博物馆进行各种日常活动，如健步走、打太极拳和摄影等。博物馆因此成为架起公众与成都深厚文化和历史的桥梁，在方方面面丰富和融入了市民的生活。

疫情期间，博物馆还提供了线上展览、课程和导览，持续为观众提供博物馆相关的信息和知识。博物馆在社交媒体上也颇受欢迎，互联网用户的在线访问频率达到2000多万，官方社交媒体账号的粉丝量在一年内增加了61.2%，达到了近100万。

金沙遗址博物馆致力与全球博物馆开展对话和合作，已与意大利、法国、加拿大、美国、澳大利

亚和日本等数十个国家和地区的博物馆合作办展、开展学术交流、建立工作人员间的友好沟通。

博物馆与城市的和谐发展

2021年是金沙遗址发现20周年，也是金沙遗址博物馆开馆13周年。作为一座相对"年轻"的博物馆，我们举办了一系列以考古、艺术和世界文明为主题的展览，大力保护考古遗址，开发多样化数字项目，并与学校合作开展教育活动。金沙遗址博物馆因此成为成都最受欢迎的文化地标之一。太阳神鸟金饰是博物馆的代表性藏品，是成都的象征，更是中华文化的标志，其设计与成都"创新、时尚、包容"的城市精神不谋而合。未来，金沙遗址博物馆将继续专注遗产、教育和合作，成为成都历史与未来之间真正的文化纽带。

（丁晗雪译，王思怡校）

博物馆行动主义

2020年加拿大博物馆协会文化遗产领域
杰出成就/研究奖

罗伯特·R.詹姆斯（Robert R. Janes）
莱斯特大学博物馆研究客座研究员

理查德·桑德尔（Richard Sandell）
莱斯特大学博物馆和画廊研究中心联合主任

↗
http://le.ac.uk
↗
r.pjanes@telus.net
rps6@leicester.ac.uk
↗

Robert R. Janes, Ph.D.
Editor-in-Chief Emeritus
104 Prendergast Place
Canmore, Alberta
T1W 2N5, Canada

The University of Leicester
University Road
Leicester LE1 7RH
United Kingdom

作为积极力量的博物馆

背景

2017年，我们开始构想本书的主题。这本书将探讨我们所见之事：博物馆理念和实践正在发生的全球性转变——越来越多的实践案例将博物馆独有的资源、能力和潜力转化为推动积极影响的力量。两年的时间里，这个项目的规模和雄心不断增长。我们基于自己的研究和价值导向实践，为这本书搭建了清晰的概念框架，随后发布了公开征集通知，邀请这个新兴领域的从业者分享他们的见解和经验。其热烈反响让我们备感惊喜，大量的投稿作品揭示了全球范围内实验性、行动主义的博物馆实践。进而，我们开始了谨慎的遴选、审稿和编辑工作。

由劳特利奇出版社于2019年1月出版的《博物馆行动主义》（*Museum Activism*）是一本论文集，汇集了51位投稿者，包括来自世界各地的文化从业者、艺术家、研究人员和活动家，他们不仅关注"博物馆行动主义"的现象，而且致力于扩大、培育和丰富这一主题。

基于专业和社会哲学的支持

十年前，博物馆、画廊和遗产机构参与行动主义实践的想法——通过明确的动机来引导独有资源，以应对不平等、不公正和环境危机——遭到了广泛的质疑和嘲笑。这些试图通过支持基于道德、伦理和科学理由的特定立场，有意识地在机构之外促成变革，被博物馆工作者、行业领袖和外界评论员视为不合时宜的政治和党派行为。这样的工作被认为超出了文化机构的职责范围，与根本的专业价值观相抵触，并威胁到了公众信任。

如今，尽管这个想法仍然具有争议性，但博物馆行动主义凸显出我们对博物馆作为知识

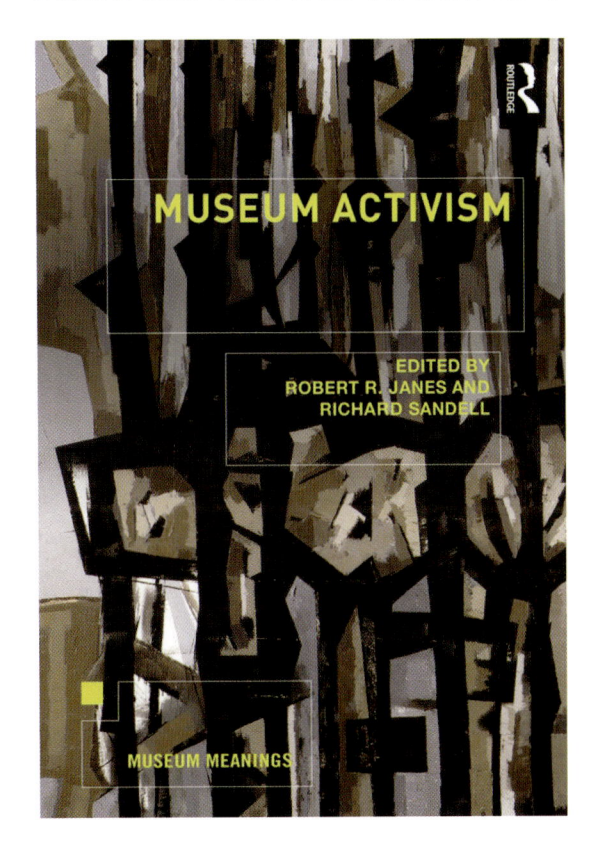

型社会机构的角色和责任的理解正在发生不可逆转的转变。越来越多的人认识到博物馆并不中立，越来越多的研究揭示，博物馆在引导观众参与关于当代社会问题的对话和塑造我们看待、思考和对待他人及周遭世界的方式上起到了重要作用。这进而激发了我们围绕博物馆促进变革潜力的专业性讨论和实验性实践。虽然仅有少数的机构得出了令人信服的结论，即博物馆不仅有塑造更可持续、更公平、更公正的世界的潜力，而且有义务这样做，但这些消极态度在逐渐改变。

在书的第一章中，我们提出博物馆思考和实践应该是积极的、带着批判性的和有目的的。接下来的章节分为三个部分："培养行动主义"（Nurturing Activism）、"实践中的行动主义"（Activism in Practice）、"评估行动主义"（Assessing Activism）。每个部分包括经编辑审查从全球范围内选出的10—13篇研究论文，以研究、构建当代博物馆实践的前沿工作。第一部分"培养行动主义"评估了传统博物馆实践以及博物馆在试图对重要问题表态时应采取的变革。第二部分"实践中的行动主义"探讨了全球博物馆采取的行动和从具体案例研究中学到的经验。第三部分"评估行动主义"深入探讨了博物馆在承诺为社会、环境或文化积极性变革做出贡献时需要考虑的问题和挑战。

《博物馆行动主义》实际上是一本为那些正在寻求利用博物馆资源推动社会、环境和文化变革方法的博物馆工作者提供指南的手册。

自出版以来，《博物馆行动主义》引发了众人反思，促进了思维方式与工作方法的转变，以应对和超越"无所作为的不道德行为"。这表明，虽然《博物馆行动主义》涉及的工作无疑具有挑战和风险，但越来越多的人认识到，重新定义当代博物馆作为塑造我们周遭世界的积极力量，使之成为更好的地方，这样的观念势不可当。

文化遗产研究杰出成就奖

因满足以下七项奖项标准，《博物馆行动主义》荣获2020年加拿大博物馆协会文化遗产研究杰出成就奖：

1.传播：促进身体、智力和社交方面的发展。来自六大洲的51位作者为博物馆领域的实践转变做出了重要贡献，确保了其全球范围内的影响力和相关性。去殖民化、气候变化、反种族主义和反残障主义等问题都在书中得到了探讨，展示了博物馆对不同的受众及国际背景的关注。

2.包容性：无障碍和多元性。本书从多个角度探讨了博物馆要做到无障碍访达并为之提供了行动方案。从与无障碍倡导者合作解决通用性参观问题，到展览设计和安装，再到为残障人士提供分享切身经历的机会，本书都给出了具体建议。

3.创新：促进新的创意。《博物馆行动主义》使读者沉浸在新的创意、实验和测试案例中，并提供了创造变革的实用建议。在整本书中，读者不断面临一个问题："我将如何积极地为我们不断变化的世界做出贡献？"

4.实践：超越当前的博物馆实践标准。《博物馆行动主义》的目的是帮助博物馆超越当前的实践标准，促进博物馆行业更加关注周遭世界，以及他们对社会福祉的贡献。《博物馆行动主义》明确呼吁行动，超越当前标准，寻求真正的社区相关性。

5.相关性：展示与服务社区相关的重要性。《博物馆行动主义》的34个章节中，每一个都展示了博物馆在收藏、教育、策展和展览开发等方面为社区服务提供的直接经验。

6.资源：有效利用可获得的资源。出版《博物馆行动主义》的费用由劳特利奇公司承担，且通过谷歌学术共享这本书，使得那些经济上无力购买的人也能够阅读。

7.愿景：推动博物馆未来的发展愿景。《博物馆行动主义》的核心是倡导我们进行集体想象，要求我们思考在全球范围内博物馆是什么、将成为什么。它提出了一个清晰的博物馆未来愿景，同时提供了案例研究、富有潜力的新实践和经验，作为实现目标的指南。

我们很荣幸有机会让全世界了解博物馆和画廊作为关键的公共和智力资源所做出的贡献。这本书清晰地表明，在面临日益复杂的社会和环境挑战的世界中，博物馆和画廊作为推动积极影响的力量之源，有着关键性的作用。正如加拿大博物馆协会奖的提名介绍所言：

> 这是一本真正具有远见卓识的出版物，旨在通过展示世界各地的机构如何成功地开展行动——从而改变博物馆工作的范式和博物馆在社会中的角色。

（张书良译，宋汉泽校）

伪满皇宫博物院

2020年中国博物馆协会全国最具创新力博物馆

王志强
伪满皇宫博物院院长

www.wmhg.com.cn
445065064@qq.com

Palace Museum of the Manchurian
Regime No.5, Fuguang North Road
Changchun, Jilin Province
China

伪满皇宫博物院："无界"的创新、探索与实践

伪满皇宫博物院曾是中国历史上最后一位皇帝溥仪在清末居住的宫殿，见证了日军侵占中国东北、实行法西斯殖民统治的历史。博物院于1962年在宫殿原址上建造，现为国家一级博物馆和全国重点文物保护单位。近年来，以"争当中国博物馆+景区创新运营的领跑者"为发展目标，博物院依托馆藏资源，探索拓展博物馆的数字化时代功能，在保存、研究、展览、社会教育、文创活动等方面实现全方位创新。

2020年，在国际博物馆日中国分会场活动中，伪满皇宫博物院荣获"全国最具创新力博物馆"称号。

文物修复"6R模式"

在尊重历史建筑原貌的原则下，"6R模式"将修复项目转变为学术研究项目和实践推广项目，即将Research（文献整理）、Retrospect（追根溯源）、Record（影像记录）、Report（工程报告）、Result（成果展示）纳入整个文物修复项目。2018年，博物院缉熙楼、同德殿保护修缮工程荣获"全国优秀古迹遗址保护项目"奖项。

智慧博物馆联合实验室

围绕智慧博物馆的核心问题，博物院联合高校、科研机构、互联网企业等成立智慧博物馆联合实验室，进一步推进智慧核心业务升级和博物馆运营转型，实现数据驱动全天候、无边界。通过为文博行业提供智库咨询、解决方案和技术项目，为中小型博物馆提供SaaS云服务，博物院实现行业升级，开启了智慧博物馆2.0时代。

线上展览共享空间

博物院利用馆内数字资源，以文物全息展示系统"格物客部落协同研究平台"、720°全景VR馆为主要内容的数字展览项目，为观众提供了一个文物鉴赏、交流与研究的在线展览平台。"长春故事——研学云课堂"，让市民足不出户就能在长春市进行虚拟旅行，该活动吸引了1万余人参与。

"安全无界"，首创智能指挥系统

基于IT（信息技术）和C2（指挥与控制理论），智能指挥系统将3D实景视图和视觉信息集成于一张地图，并通过博物馆内的传感器设备将实时信息汇集到指挥中心，实现一键式全位置指挥，快速协同公安、交警、行政执法，及时评估文物、观众、运营安全，实现整体安全目标。该系统目前已在吉林省文化、博物馆系统中得到充分论证和推广。

"安全无界"伪满皇宫博物院智慧指挥系统

"M+"模式，新型社会教育

2019年，青少年教育课程——"长春故事·城市历史研学大课堂"上线，该项目由教育部门、博物馆和媒体共同发起，开创了将博物馆教育理念常态化融入课堂教学的先河，荣获"中国博物馆青少年教育课程优秀案例推介展示活动十佳教学设计奖"。该模式率先在公共图书馆打造专属的"文博书架"，让博物馆出版物走进图书馆、学校、社区等公共场所，目前已覆盖全国101家各级图书馆。

博物馆，城市文化创意的发源地

2019年，以溥仪研究为基础改编的大型原创历史话剧《"新京"梦碎》上演，参与互动人数超过500万人次。同年，中国博物馆系统第一款拥有自主知识产权的字库产品"满宫德文体"问世。365集原创系列短片《长春历史上的今天》在当地媒体播出，观看人数超过1000万人次。2020年，全国首款融媒体出版物《长春日知录》诞生，首次将图片、文字、音频、视频、手写日记完美融合，讲述城市历史，运用AR技术传达文化内涵。

"满洲国"史及相关研究的学术中心

"溥仪研究院"旨在推动跨地区、跨学科的综合研究，将溥仪及其时代研究发展为多元化的新型学术研究模式。2020年出版的《侵华日军第100部队〈留守名簿〉整理与研究》填补了二战相关生物战史料研究的空白。

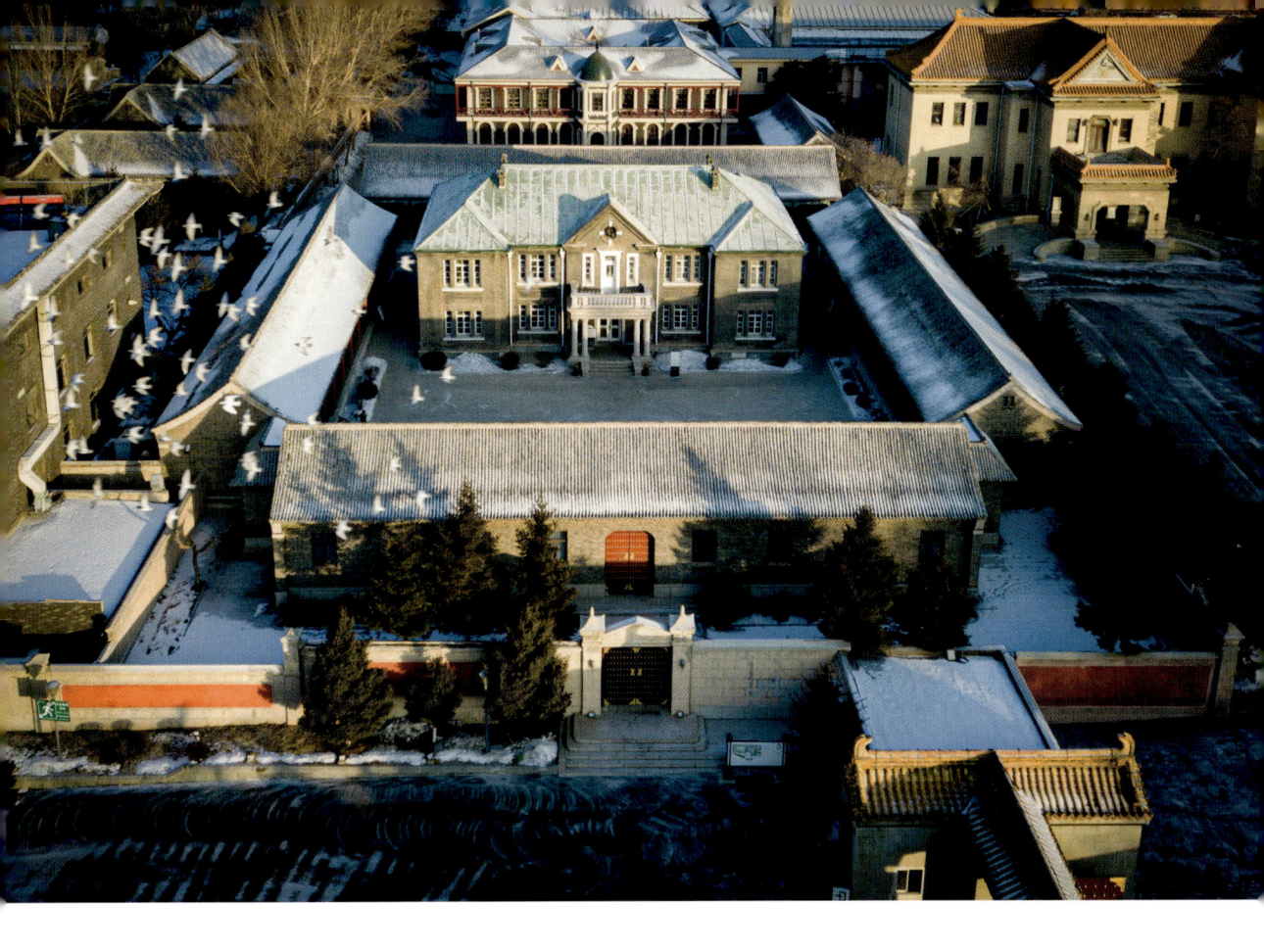

长春文化遗产与文博讲座教学视频线上线下点击量超过1000万次。"格物客部落协同研究平台"旨在为公众打造一个互动共享的历史研究交流中心。

伪满皇宫博物院以其资源和魅力推出富有创意的公共文化产品，在运行中创新，在社会进步中活跃，不仅为公众更新知识提供优质资源，也为社区文化传播营造趣味空间。

（李湛译，王思怡校）

故宫博物院考古遗产项目
2020年AVICOM/F@IMP数字互动金奖

吴雯欣
故宫博物院助理馆员

↗
www.en.dpm.org.cn
www.dpm.org.cn
↗
gugong@dpm.org.cn
↗
The Palace Museum
4 Jingshan Qianjie Beijing
China

数字技术与考古学的结合

故宫博物院是中国传统文化的宝库。这座古老的宫殿的珍贵遗产不仅包括地面上的古建筑，还包括大量埋藏在地下的文物。紫禁城的一砖一瓦、一石一木，都是我们的保护对象。

考古学家们不断制定策略，尽可能完整地保存历史信息，并进行适当的修复。2014年，一次偶然的机会，我们发现了慈宁宫的一处遗迹，其中包括600年前明朝的宫殿地基。这一次，当前的数字化技术将考古记录标准提高到了一个新的水平。

数字化技术能够准确、全面地获取样本，即使在记录时没有注意到某些细节，也可以尽可能全面地捕捉现场信息。通过激光扫描和多视角三维重建，故宫博物院信息技术部和考古研究所将这些考古发现以数字形式捕捉和记录下来。根据XR的概念，他们将AR、VR和其他技术应用于文化遗产保护、研究和博物馆展览。通过数字设备，人们可以随时"到达"考古现场，近距离地进行虚拟勘察。

故宫博物院考古XR项目是为建设"数字故宫"（Digital Palace Museum）做出的众多努力之一。我们将坚持不懈，为全球的考古爱好者提供更加直观、便捷和全面的数字文化体验。

（党倩译，胡凯云校）

该项目的AR部分

阿兹特克太阳石3D投影
文化遗产中的游戏和互动体验

里克·赫德尔（Rik Herder）
荷兰世界文化博物馆展览制作人

↗
www.wereldculturen.nl
↗
rik.herder@wereldculturen.nl
↗
National Museum Of World Cultures/Museum Volkenkunde
Postbus 212
2300 Ae Leiden
The Netherlands

阿兹特克太阳石剧场

太阳石（Sun Stone）是阿兹特克所有艺术品中最著名的一件，它是一块直径约三米宽的巨大石头，雕刻着复杂的图案和符号。这块石头讲述了世界诞生与毁灭的故事，以及为了重建世界而献出生命的众神传说。

如何揭示那些隐藏在只有极少数学者能够读懂的符号中的美丽故事？我们采用了视频映射（也称为投影映射）技术将其动画化，让石头本身焕发生命。这项复杂的技术结合了多种学科知识和多媒体技术，需要在设计、工程和施工方面达到极高的精度要求。

首先，我们制作了一份与实物完全相同的复制品。然后，在动画软件中重新建模，以便让石头"活"起来。最后，将动画投影到这块石头上，这样就在石头上制造出了一种神奇的动态效果。

在石头两侧还有另外的投影，投影的动画解释了阿兹特克宇宙是如何通过神的自我牺牲来创建的，人类必须献上祭品来回报他们。观众在参观太阳石剧场后，能更好地理解阿兹特克的世界观。

"阿兹特克"（The Aztecs）是由斯图加特林登博物馆（Linden Museum）和莱顿民族学博物馆（Museum Volkenkunde）共同推出的国际性展览。其中，太阳石剧场由阿姆斯特丹歌剧院（Opera Amsterdam）的展览设计师设计，由红朗姆（Redrum）动画工作室制作。

（王秋逸译，宋汉泽校）

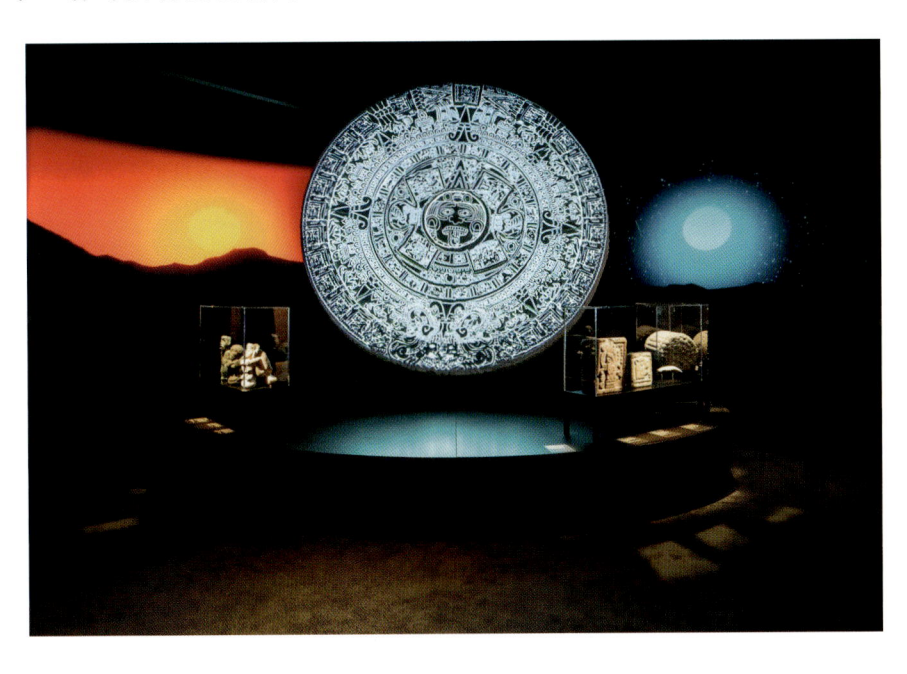

后记

《全球最佳遗产利用案例集》系列的策划与出版正逢世界范围内对于文化遗产与博物馆可持续发展进程的大讨论。后疫情时代，文化机构如何应对社会需求与增强自身韧性是一个值得深思的时代议题。由国际博物馆协会研究与交流中心（ICOM-IMREC）与欧洲遗产协会（EHA）共同编写的该系列丛书是基于最佳遗产组织（Best in Heritage）2020年以来的全球遗产利用最佳案例（Projects of Influence）遴选而来，这些世界各地的优秀遗产利用案例为我们提供了可持续发展的多种思路与范例。同时，ICOM-IMREC与最佳遗产组织于2022年达成了在合作出版、学术交流、学生培养等方面的全面合作，致力于推进全球化视野下的文化遗产利用与传播，以及中欧在文化遗产与博物馆领域的对话与合作。

2015年9月，联合国"2030年可持续发展议程"得到了进一步的扩展，并通过了17项宏伟的可持续发展目标。其中，大多数可持续发展目标，包括素质教育、可持续城市、环境、经济增长、可持续消费和生产模式、和平和包容社会、性别平等和粮食安全等目标，都肯定了文化在促进可持续发展方面的作用。文化遗产和博物馆作为文化层面的典型代表，既是实现经济、社会和环境可持续发展的推动者，也是其驱动力。在海外，文化遗产和可持续发展的关系已经是学术讨论的热点[1]，其讨论的重点在于文化遗产如何作为某个可持续发展整体项目的一部分贡献力量[2]。国内讨论文化遗产与可持续发展的角度主要聚焦旅游、非物质文化遗产保护和博物馆等，其中旅游视角下的可持续发展文化遗产的讨论相对较多，并主要集中于特色文化区域[3]和遗产开发规划与评估[4]等方面。同时，可持续发展理念已被引入非物质文化遗产保护之中[5]。而博物馆视角下，生态博物馆的模式成为文化遗产保护与利用以及文旅融合的常见途径[6]。

在习近平总书记关于文化遗产保护传承的重要论述指引下，文化遗产成为国家、地区和地方各级社会文化发展的关键因素，因此文化遗产的保护与利用也变得越来越重要。具体来说，在对待文化遗产的方式上，有三个方面的变化：(a) 从遗迹到人[7]，(b) 从物品到功能[8]，(c) 从遗迹保护到可持续利用[9]。遗产保护利用不断"由物及人""由保护向发展"的观念转变，未来的世界遗产保护需要特别关注遗产、人与社会的共同可持续发展[10]。因此，遗产不再是严格意义上的一组物，不再是由于历史、伦理和考古的原因而受到保护之地，而是组成了一个国家或地方的社会和经济整体功能的重要部分，包括政治模式、经济繁荣、社会凝聚力和文化多样性。

过去的主流观点认为文化遗产面临着普遍的威胁，它最终会商业化、贬值或遭到破坏。但现代理论认为文化遗产保护是成功的，最大的成功是它们融入了社会和经济生活，对创造就业和收入做出了贡献，也能提供资金收益，从而进一步利用。因此，在现代经济发展背景下，文化遗产被认为是经济和社会发展的引擎和催化剂，同时遗产能够通过某一空间、地方、城市或国家的品牌宣传来创造和体现它的身份，由此衍生出越来越多的遗产类型[1]。文化遗产的认定、保护、管理与利用是一个涉及多学科的议题，遗产的可持续发展需要建立跨学科交流机制与全球视野的综合体系。

因此，《全球最佳遗产利用案例集》系列应运而生，在出版过程中，上海大学文化遗产与信息管理学院文博方向的师生通力协作完成了对案例的择选、翻译、校对与解读，可以说是一次培养文博专硕全球视野与外文应用能力的有益实践。在此过程中，段勇教授、安来顺教授、段晓明兼职教授作序推荐，吕建昌教授、潘守永教授和黄洋副教授对案例进行了导读，在"遗产透镜：书写历史与多元叙事"、"遗产工具：对话现实与技术创新"以及"遗产变革：颠覆范式与技术创新"三部分对遴选案例进行了理论与实践上的分析与总结；王思怡博士、胡凯云博士和宋汉泽老师对案例进行了择选与校对工作；博物馆方向博士研究生李湛、丁晗雪、卜凡，文博专硕研究生张书良、练文婷、王秋逸、周辰雨、龚雪旦、党倩、陈颖琪，图书情报专硕研究生蒋菁对案例进行了翻译。

《全球最佳遗产利用案例集》系列丛书的出版，得到了最佳遗产组织、欧洲遗产协会的大力支持，以及最佳遗产组织主席Tomislav Sladojević Šola教授作序推荐，在此表示感谢！

如果你想了解全球范围内文化遗产保护、阐释、展示与传播的有益实践，那么本书便是不二之选，它汇集了后疫情时代下展现文化遗产韧性的52个独特故事，让你感知一个"不一样的遗产世界"。

王思怡
2023年7月

注释

[1] Pereira Roders, A. and R. van Oers, "Bridging cultural heritage and sustainable development", *Journal of Cultural Heritage Management and Sustainable Development,* 1(1), 2011, pp. 5–14; Pereira Roders, A. and R. van Oers, "Wedding cultural heritage and sustainable development: three years after", *Journal of Cultural Heritage Management and Sustainable Development,* 4(1), 2014, pp. 2–15.

[2] Iris C. Bohnet, Kristina Janeckova Molnarova, Adri van den Brink, Ruth Beilin, Petr Sklenicka, "How cultural heritage can support sustainable landscape development: The case of Třeboň Basin, Czech Republic", *Landscape and Urban Planning,* 2022, p. 226; Signes-Pont MT, Cortés-Plana JJ, Boters-Pitarch J, Mora-Mora H., "Cultural Heritage and Sustainable Rural Development: The Case of Tàrbena, Spain".

Heritage. 5(4), 2022, pp. 3010–3031.

[3] 姜爱，李永诚. 少数民族非物质文化遗产旅游可持续发展的思考——以云南、贵州、海南为例[J]. 贵州民族研究，2012（4）：110—114；卢松，陈思屹，潘蕙. 古村落旅游可持续性评估的初步研究——以世界文化遗产地宏村为例[J]. 旅游学刊，2010（1）：17—25.

[4] 康俊香. 供需视角下文化遗产旅游可持续发展研究[D]. 西北大学，2007；张国超，唐培. 旅游影响视角下我国世界文化遗产地可持续发展评价研究[J]. 湖北民族学院学报（哲学社会科学版），2017（5）：63—72；张国超，李静雨. 我国世界文化遗产地可持续发展优化路径研究[J]. 湖北民族学院学报（哲学社会科学版），2018（4）：100—107.

[5] 孙克勤. 中国的世界遗产保护与可持续发展研究[J]. 中国地质大学学报（社会科学版），2008（3）：5；钱永平. 可持续发展：非物质文化遗产保护的新理念[J]. 文化遗产，2018（1）：8—14.

[6] 王际欧，宿小妹. 生态博物馆与农业文化遗产的保护和可持续发展[J]. 中国博物馆，2007（1）：91—96；朱以青. 文化生态保护与文化可持续发展——兼论中国的非物质文化遗产保护[J]. 山东大学学报（哲学社会科学版），2012（2）：156—160.

[7] 刘魁立. 论全球化背景下的中国非物质文化遗产保护[J]. 河南社会科学，2007（1）：25—34+171.

[8] 李玉雪. 可持续发展视角下文化遗产保护的法治进路思考——以我国"世界文化遗产"保护为重心的分析[J]. 社会科学研究，2013（6）：1—8.

[9] 张朝枝，杨继荣. 建构与协商：文化遗产与旅游的关系再认识[J]. 旅游学刊，2022（11）：75—84.

[10] 蒋钦宇，李贵清，张朝枝.《保护世界文化和自然遗产公约》50周年：变化、对话与可持续发展——首届世界文化与自然遗产学术论坛综述[J]. 自然与文化遗产研究，2023（1）：94—98.

[11] 色音. 新文科视野中的文化遗产概念、类型及研究范式转换[J]. 中国非物质文化遗产，2022（2）：12—19.